GÜNTER SCHMÖLDERS

Volkswirtschaftslehre und Psychologie

Schriften der Adolf Weber-Stiftung

Herausgegeben von Prof. Dr. R. Gunzert

Günter Schmölders

Volkswirtschaftslehre und Psychologie

Mit einer Aussprache
führender Wissenschaftler

DUNCKER & HUMBLOT / BERLIN

Inhalt

Zum Geleit

Seit 1960 arbeitet der Kreis „Münchner Gespräche" mit der sich in Vorbereitung befindenden und inzwischen bereits gegründeten Adolf Weber-Stiftung. Für die Angehörigen des Kreises „Münchner Gespräche" ist es eine besondere Freude, mit der Veröffentlichung des Berichtes ihrer Oktober-Sitzung 1961 über das Thema „Volkswirtschaftslehre und Psychologie. Faktoren und Imponderabilien" eine Schriftenreihe zu eröffnen, welche auf Veranlassung der Adolf Weber-Stiftung erscheinen wird.

Der Zusammenbruch 1945 löste unter Forschern und Gelehrten Deutschlands die Bestrebung aus, Überlegungen und Studien darüber anzustellen, welche Mittel und Wege geeignet wären, die Folgen des Krieges und des Zusammenbruchs zu überwinden. Forscher aus verschiedenen Teilen Deutschlands und aus verschiedenen Disziplinen der Wissenschaft fanden sich in München zusammen. Die Behandlung brennender Gegenwartsprobleme war ihr Ziel.

Ihre ersten Studien deckten bald auf, daß

1. sich auch andere *Völker Europas vor eine ähnliche Situation* gestellt sehen, und zwar in vielen Zweigen des Lebens;

2. es sich hierbei um eine *welthistorische Situation* handelt;

3. sie vor einer Situation stehen, die von *Forschung und Wissenschaft* einen entsprechenden *Beitrag* zu ihrer Meisterung fordert und daß

4. eine Vielzahl dieser Aufgaben auf dem Wege der *historisch-gegenwartskundlichen Studien* gelöst werden könnte, d. h. durch jene Studien, die ein jedes — das betreffende *kon-*

krete Gegenwartsproblem ausmachende — Lebensgeschehen als Problemganzes ansehen und es als solches zu behandeln anstreben. In der Geschichte wurzelnd, gestaltet ein solches Lebensphänomen die Gegenwart und legt den Grundstein für die Zukunft. Gegenwartsprobleme dieser Art wurden als „schwanger gewordene Vergangenheit" erkannt. Ihre Betrachtung und Behandlung dürften daher letztlich *von der Zukunft her* bestimmt sein.

Die Aufgabenstellung zieht die Aufgliederung der Forschungsarbeiten in zwei Bereiche nach sich:

1. Die Behandlung eines Lebensproblems (Gegenwartsproblems) als Problemganzes führte zur Bildung des Kreises *„Münchner Gespräche"*. Die Leitung der Arbeiten liegt in den Händen des *Engeren Kollegiums* (gegenwärtig bestehend aus Prof. Dr. A. Dempf, Prof. Dr. F. Dölger, Prof. Dr. C. A. Emge, Prof. Dr. Ph. Lersch, Prof. Dr. A. Nikuradse und Geheimrat Prof. Dr. Adolf Weber).

Die Behandlung des vorliegenden konkreten Problems unter dem Gesichtspunkt spezieller Wissensdisziplinen wie Jurisprudenz, Wirtschaft, Geschichte, Pädagogik, Psychologie, Naturwissenschaften und Technik, Philosophie geschieht in dem entsprechenden *Spezial-Kollegium*.

Die Behandlung des betreffenden konkreten Problems als Problemganzes erfolgt in dem *Großen Kollegium*, welches aus Mitgliedern der Spezial-Kollegien, des Engeren Kollegiums, anderen Mitgliedern des Kreises „Münchner Gespräche" und geladenen Teilnehmern der Sitzung besteht. Die Aufgabe der Arbeit im Großen Kollegium ist es, das „In-Wechselwirkung-Setzen" von Forschungsmethoden verschiedener Disziplinen (verschiedener Spezial-Kollegien) zu erzielen, d. h. die Behandlung des in der Sicht des Wissenschaftsspektrums als *Komplex* geltenden Lebensproblems als Problemganzes zu ermöglichen.

2. Eine systematische Forschung spezialistischer Art erfolgt im Rahmen der Sachreferate: Sachreferat für Jurisprudenz, für Wirtschaft, für Soziologie, für Naturwissenschaften und Technik, für Geschichte u. a.

Arbeitsweise und Arbeitsmethoden, die hier angewandt werden, unterscheiden sich durch nichts von den üblichen Forschungsmethoden.

Gegenstand der Behandlung im Kreise „Münchner Gespräche" war — wie bereits gesagt — jeweils ein konkretes Gegenwartsproblem, dessen Lösung als Problemganzes das Ansetzen von Forschungsmethoden verschiedener Disziplinen verlangte. Als ein Beispiel eines solchen konkreten Gegenwartsproblems, dessen Behandlung der Kreis „Münchner Gespräche" vor einigen Jahren nach ausgiebiger Vorarbeit in mehreren Sitzungen durchführte, sei das der Automation erwähnt. Da es ein physikalisches, ein mathematisches, ein betriebswirtschaftliches, ein volkswirtschaftliches, ein soziologisches, in der Gesamtsicht der industriell-technischen Entwicklung ein historisches, ein psychologisches, ein pädagogisches, ein kulturphilosophisches, ein rechtsphilosophisches, ein juristisches und ein politisches Problem ist, schien das gemeinsame Ansetzen von Forschungsmethoden der verschiedenen, eben genannten Wissensdisziplinen für die Behandlung des vorliegenden Vorhabens im Sinne seiner Ganzheit (als Problemganzes) erforderlich.

Ein anderes, im Spektrum der Wissenschaften als komplex erscheinendes Gegenwartsproblem, an dessen Behandlung Nationalökonomen, Steuerrechtler, Psychologen, Rechtsphilosophen, Naturwissenschaftler, Historiker, Kulturphilosophen, Völkerrechtler, Rechtssoziologen u. a. mitwirkten und dessen Bearbeitung im Kreis „Münchner Gespräche" drei Semester lang durchgeführt wurde, bildete der *Gemeinsame Markt*.

Erwähnt man nun einige andere Fragenbereiche, an deren Vorbereitung im Kreise „Münchner Gespräche" gegenwärtig gearbeitet wird und zu denen Sitzungen erst zu einem späteren Zeitpunkt einberufen werden, so wird man sicherlich eine Vorstellung gewinnen, welcher Art die Probleme sind, die den Kreis „Münchner Gespräche" beschäftigen. Die Probleme „Gedanken zum gegenwartsbezogenen Geschichtsbild" und „Läßt sich die zwischen Naturwissenschaften und Technik einerseits und den Geisteswissenschaften andererseits immer noch bestehende Kluft beseitigen und wenn ja, wie würde sich die Überbrückung dieser Kluft in Bewußtseins- und Willensbildung und in der Bildung jenes zu erarbeitenden historischen Weltbildes auswirken?" bilden die oben erwähnten zwei Fragenbereiche.

Einen weiteren Fragenbereich bildet das Thema „Naturwissenschaften und Technik als geschichtsbildende Mächte", dessen Behandlung in der Oktober-Sitzung 1960 in Angriff genommen wurde und der weitere Sitzungen folgen sollen. Besondere Aufmerksamkeit wird in dieser Sicht dem europäischen Problem gewidmet.

An diese Arbeiten schließt sich ein anderes Problem an, welches ebenfalls das Ansetzen von Forschungsmethoden verschiedener Disziplinen verlangt. Das ist der Fragenkreis, der etwa unter dem Titel „Wert und Bedeutung der Leistungssteigerung der Persönlichkeit für die Volkswirtschaft und insbesondere für die Europäische Wirtschaft" zusammengefaßt werden könnte. Will man das Thema von der dispositiven Seite her betrachten, so verlangt das Problem die besondere Berücksichtigung der Psychologie des Unternehmers. Sieht man das Thema unter dem Gesichtswinkel der exekutiven Tätigkeit, so verdient der Fragenkreis der Produktivität eine Hervorhebung und damit jene Fragen und Disziplinen, die mit dem Problem der Produktivität zusammenhängen. Um den zu behandelnden Gegenstand „Leistungssteigerung der Persönlichkeit" klarzulegen, müßten die „Leistung" des Konsumenten und das Vertrauensverhältnis zwischen den Konsumenten und dem Unternehmer form-

und normgerecht erfaßt, begriffen und gewertet werden. Psychologen, Volkswirtschaftler, Betriebswirtschaftler, Soziologen, Philosophen und Vertreter anderer Disziplinen müßten ihre Bemühungen bei der Behandlung dieses entscheidenden Gegenwartsproblems vereinen. Es liegt auf der Hand, wieviel der europäischen Wirtschaft zu ihrer Gesundung und Kräftigung an der geistigen Erfassung des vorliegenden Problems liegt und liegen muß. Aus diesem Fragenkreis entstand das Thema der Oktober-Sitzung 1961 „Volkswirtschaftslehre und Psychologie. Faktoren und Imponderabilien".

Im Kreise „Münchner Gespräche" gewannen diese und ähnliche Bemühungen systematischen Charakter. Hier liegt ein gewisses, vor allem vom Standpunkt der Arbeitsmethoden aus gesehen, entsprechendes Erfahrungsgut vor.

Alexander Nikuradse

Prof. Dr. Alois Dempf

Zu Forschung und Methode

Nur ein ganz kurzes Wort über unsere „Münchner Gespräche". Da ich Philosoph bin, fange ich von oben an. Die Franzosen haben die L'école des hautes études. Das ist eine Einrichtung, die es bei uns in Deutschland nicht gibt. Das heißt, der
Forschernachwuchs wird in einer eigenen Schule gebildet. Wir
haben natürlich die schöne Tradition, daß unsere Universitäten sowohl Forschungsstätten wie Lehrstätten sind. Ja, sie befinden sich hier sogar im Raum der Philosophisch-Historischen
Klasse der Münchner Akademie der Wissenschaften. Unsere
Akademien sind Institutionen der Forschung. Aber wir haben
keine eigene Institution für die Schulung des Forschernachwuch-
ses und auch nicht, was ebenso wichtig wäre, jene Einrichtung
der Franzosen, die eine Laufbahn für reine Forscherpersönlich-
keiten bietet, nämlich das „Centre national des recherches
scientifiques". Man fängt an als aggregé, dann wird man at-
taché, maître und dann directeur. Es ist eine Laufbahn nur
der Forschung allein. Das ist ein beneidenswerter Zustand. Ich
beobachte als kritischer Realist die Handhabung der Verteilung der Forschungsgelder seit langem und überlege mir immer
wieder, ob man nicht einen Vorstoß in Richtung der grandio-
sen Einrichtung der École des hautes études machen sollte. Es
muß nicht gleich für das ganze deutsche Bundesgebiet eine solche
Einrichtung geben; es gibt einen Mittelweg, ähnlich dem Institut für die fortgeschrittenen Studien der Harvard-Universität.
Es ist der Traum der Schüler Wilhelm Diltheys, der deutschen
Schule der Geisteswissenschaften, z. B. Erich Rothackers, daß

an jeder Universität ein Zentralinstitut für Geisteswissenschaften errichtet werden müßte, daß das geschehe, was die Senate unmöglich leisten können, die Koordination der verschiedenen Wissenschaften. Aber ich habe noch nicht den Mut gefunden, auch nur für eine Universität ein solches Zentralinstitut für Geisteswissenschaften vorzuschlagen. Dafür aber haben wir in München den Mut zur Privatinitiative, uns über die Fakultätsgrenzen hinweg in den „Münchner Gesprächen" zusammenzusetzen und die Forschungsprobleme im Kolloquium aufzugreifen, die fällig sind. Die dringlichsten Forschungsaufgaben zu sehen und ein Team junger Leute dafür anzusetzen, versteht sich von selbst in den Naturwissenschaften. Für die Geisteswissenschaften sind wir noch nicht so weit.

Über die Erörterung der vordringlichen Forschungsprobleme hinaus habe ich noch ein Anliegen, das nicht so leicht in Worte zu fassen ist. Dieses Anliegen besteht darin, jene vordringlichen Forschungsprobleme methodisch in Angriff zu nehmen, die einen unmittelbaren Bezug zu unserer Gegenwartslage haben. Wir sind über sie, d. h. über die Industriegesellschaft eigentlich erst durch Max Weber vor nunmehr 40 Jahren informiert worden. Leider sind durch die Vernachlässigung der geisteswissenschaftlichen Soziologie in Deutschland diese Dinge, die doch unser soziales Sein betreffen und nicht bloß die Ideologien, den Kampf im sozialen Bewußtsein, nicht recht geklärt. Methodische Forschung auf die Probleme angewendet, die aus der Gegenwartssituation erwachsen, darum bemühen wir uns in den „Münchner Gesprächen". Das Entscheidende ist, daß wirklich etwas in dieser Richtung geschieht. Wenn Sie bedenken, daß es Historiker gibt, die behaupten, wissenschaftliche Historik könne erst mit Gegenständen, die schon mindestens 50 Jahre alt sind, beginnen, dann werden Sie verstehen, daß dieses gezielte Forschungs- und Methodeninteresse keinen großen Widerhall haben kann.

Ich komme nochmals zurück auf die École des hautes études. Wir müßten eine Stelle haben, wo die jungen Psychologen zwar in ihrem Fach gründlich geschult werden, aber sie müßten dann auch von einem großen Meister hören können, was National-ökonomie ist, und die Aussprache der Meister untereinander. Es müßte mehr solche Gelegenheiten geben wie diese hier, die sich eben so fruchtbar erwiesen hat.

Aber es gibt eine große Hoffnung: Max Weber war zuerst Nationalökonom, dann wurde er Soziologe und schließlich ist er der größte deutsche Philosoph des frühen 20. Jahrhunderts geworden. Das macht die Fächerverbindung!

Prof. Dr. Günter Schmölders

Thesen zum Thema:
Volkswirtschaftslehre und Psychologie

Faktoren und Imponderabilien

1. Die ökonomische Theorie hat sich bis heute eine — in der Antithese zum Historismus aufgekommene — Tendenz bewahrt, sich bei der Erklärung von wirtschaftlich relevanten Verhaltensergebnissen (Preise, Löhne, Zinsen, Investitionen, Geldwert usw.) ganz überwiegend auf die Analyse sogenannter „ökonomischer Faktoren" zu beschränken und alle anderen Wirkungskräfte in den Bereich der „Imponderabilien" zu verweisen, für die sie sich nicht weiter interessiert. Diese Selbstbeschränkung führt naturgemäß dazu, daß die Verhaltensmodelle, mit denen sie die wirtschaftliche Wirklichkeit zu erklären versucht, zwar z. T. noch den Vorteil einer gewissen Einfachheit und Klarheit besitzen, am Prüfstein der Prognose aber versagen. Demgegenüber habe ich seit 10 Jahren die Miteinbeziehung der Psychologie und eine „sozialökonomische Verhaltensforschung" auf breiter Grundlage gefordert[1].

2. Je weiter wir uns von der „Wirtschaft des Mangels" in der Richtung auf eine „Wirtschaft des Überflusses" hin bewegen, desto geringer wird relativ die Zahl der wirtschaftlich relevanten Entscheidungen, die sich allein mit in Geld ausgedrück-

---

[1] *Schmölders*, G., Ökonomische Verhaltensforschung, ORDO Bd. V 1953; ders., Ökonomische Verhaltensforschung, Arbeitsgemeinschaft für Forschung (Nordrhein-Westfalen), Köln und Opladen 1957; ders., Finanzpsychologie, Finanzarchiv 1951.

ten Kosten- und Nutzenerwägungen hinreichend erklären lassen, desto mehr treten bei der Verhaltenserklärung also die genannten „Imponderabilien" in den Vordergrund. Jede Inhaltsanalyse der neueren Publikationen und vor allem der meisten Vorträge, die auf den Fachkongressen der letzten Jahre gehalten wurden, vermag das zu bestätigen. Da es jedoch für den Theoretiker auf die Dauer unerträglich ist, wichtige Faktoren als nicht wägbar unerforscht zu lassen, kündigt sich hier vernehmbar ein Wandel der Auffassungen an, der mancherorts bereits vollzogen ist: die verstärkte Berücksichtigung der Psychologie bei der Erklärung wirtschaftlicher Sachverhalte[2].

3. In der öffentlichen Meinung gilt die Psychologie schlechthin als *die* Wissenschaft vom menschlichen Verhalten, von seinem Wie und Warum. Ich gebrauche das Wort mit Vorliebe in diesem Sinne, z. B. in der Verbindung „Finanzpsychologie"; gemeint ist damit die Erforschung und das Verständnis des Verhaltens der Menschen in finanzwissenschaftlich relevanten Zusammenhängen. Die Psychologie als Fachwissenschaft ist nun allerdings vornehmlich eine Wissenschaft vom Verhalten des *einzelnen* Menschen; um sein Verhalten auch in und unter dem Einfluß der sozialen Gruppe verständlich zu machen, bedarf es einer Ergänzung der psychologischen Betrachtungsweise durch die Soziologie, wie sie sich in der „Sozialpsychologie" durchgesetzt hat. Psychologie, Soziologie und Sozialpsychologie sind demnach die Zweige einer allgemeinen Wissenschaft vom menschlichen Verhalten, die die Volkswirtschaftslehre zur Blutauffrischung derzeit am nötigsten braucht.

4. Die Psychologie freilich hat sich mit den Problemen, die der Volkswirtschaftslehre wichtig erscheinen, bisher meist nur am

---

[2] *Seidenfus, H. St.*, Artikel Verhaltensforschung, sozial-ökonomische, im Handwörterbuch der Sozialwissenschaften, Bd. 11, dort weitere Schrifttumangaben.

Rande befaßt. Der Wirtschaftswissenschaftler von heute ist daher ständig in Gefahr, wie seine Vorfahren, auf eine hausgemachte Psychologie zurückgreifen zu müssen. Seine Verbindung mit der Soziologie ist weit enger und direkter.

Sehr häufig ist der Fall, daß psychologisch aufgefaßte Probleme im Laufe der Beschäftigung mit ihnen unvermerkt aus dem Bereich der Psychologie entgleiten. Ich erinnere nur an das Phänomen der *Reizschwelle,* deren Entdeckung durch die „Psychophysik" in der Volkswirtschaftslehre zu einer heute vergessenen Revolution führte: im Wirtschaftsleben begegnen uns auf Schritt und Tritt Schwellenphänomene, deren Erklärung wir zunächst bei der Psychologie zu finden glauben. Wenn sich beispielsweise die Ergebnisse des Verhaltens vieler Menschen zu Gesamtgrößen wie Börsenkurse, Geldwert oder Preisen summieren, deren Entwicklung wir im Zeitablauf verfolgen und darin zyklische Verläufe mit „Schwellen" und „Kippschwingungen" entdecken, so sind dabei häufig überhaupt keine Faktoren mit im Spiel, die den Psychologen hinreichend interessieren[3].

5. Ein anderes Beispiel ist die psychische „Ansteckung", die wir zunächst für ein psychologisches Phänomen hielten[4]. Inzwischen stellten wir fest, daß die meisten ökonomisch relevanten Ansteckungserscheinungen, wie die Ausbreitung von Modeartikeln, eminent soziologischer Natur sind; was die Psychologie daran interessieren könnte, wäre allenfalls die Messung des gesellschaftlichen Druckes, der in solchen Fällen auf den einzelnen ausgeübt wird. Bei einer Untersuchung über die Ausbreitung von Fernsehgeräten haben wir deutlich feststellen können, daß dieser soziale Druck zwar meist als individuell motiviertes Verlangen in Erscheinung tritt, durch seine Beziehung

---

[3] *Selbach,* C. und *Selbach,* H., Krisen-Analyse, Berlin 1956, in: Studium Generale, Jg. 9, H. 7, 1956.

[4] *Jöhr,* A. W., Die Konjunkturschwankungen, Zürich 1952.

zu sozial normierten Vorstellungen von dem „angemessenen Lebensstandard", der „heutzutage dazugehört", aber doch eindeutig als gesellschaftlich bedingter Sachverhalt identifiziert werden kann. Beim Fernsehgerät war es so, daß das Verlangen, ein solches Statussymbol zu besitzen, um so stärker war und um so häufiger auftrat, je mehr Leute in der Nachbarschaft und Bekanntschaft der Versuchspersonen ein Gerät besaßen[5].

6. Wir leben in einer Welt, in der die Befriedigung „nichtwirtschaftlicher" Bedürfnisse mehr und mehr von wirtschaftlichen Gütern besorgt wird, vom Klimagerät über die Schallplatte und den Film bis zur alltäglichen Zigarette, die zusehends mit emotionalen Bedeutungsgehalten angereichert wird, wie sie mit dem Inhalieren von Nikotin nicht mehr viel zu tun haben. Die Werbepsychologie hat das seit einiger Zeit erkannt. Für sie ist das Gut nicht ein konkreter Gegenstand von bestimmter Beschaffenheit, dessen Herstellung soundso viel kostet, sondern das Vorstellungsbild, das der Käufer von diesem Gut hat; und vermutlich müßte es hier statt „Vorstellung" noch weniger konkret „Empfindung" heißen.

Die Sozialökonomik ist dabei, aus dieser Erkenntnis die Konsequenz zu ziehen, daß der Preis nur einer von zahlreichen Bestimmungsgründen des Kaufes ist und daß wir, wollen wir den Kauf erklären, uns der Analyse psychologischer Tatbestände wie „Aufforderungscharakter" und „Bedürfnisintensität" zuwenden müssen; aber selbst die angewandte Psychologie vermag uns vorerst noch keine praktikablen Kriterien oder gar Verfahren zur Messung solcher Sachverhalte zu liefern[6].

7. Der Erklärung volkswirtschaftlicher Tatbestände erschließt sich dagegen auf dieser — mangels anderer Ausdrücke als psy-

---

[5] *Götz*, E., Einflüsse der Nachbarschaft auf den Kaufentschluß, dargestellt an einer Gemeindestudie, Köln, Diplom-Arbeit 1960.

[6] *Schmölders*, G., Hypothese und Wirklichkeit des Käuferverhaltens, Schweizer Monatshefte 1958, H. 8.

chologisch bezeichneten — Betrachtungsweise ein weites Arbeits-
feld. Verzichtet man beispielsweise darauf, alles Ausgeben von
Geld als Konsum und alles Nichtausgeben als Sparen zu betrachten, wie es die makroökonomische Theorie zu tun pflegt,
so gewinnen alle Begriffe einen neuen Gehalt. Geld beispielsweise, das für die dauerhaften Konsumgüter, für die Einrichtung von Wohnung und Küche usw. „ausgegeben" wird, ist in
Wirklichkeit seiner psychischen und sozialen Funktion nach ein
Teil der Ersparnisbildung. Nicht nur Geld und Wertpapiere
sind ihrer Funktion nach „Vermögen", sondern ebenso die Gebrauchsgüter, deren Summe wir als „Konsumvermögen" bezeichnen können. Der Ansammlung von Geldvermögen (dem
„Sparen" im engeren Sinne) und der Bildung von Konsumvermögen kann, obwohl sie unterschiedlichen Zwecken dienen,
dennoch die gleiche Motivation zugrunde liegen. Sicherheitsmotive z. B. sind sowohl beim Vorsorgesparen anzutreffen als
auch beim Kauf von Möbeln, Waschmaschinen, Fernsehgeräten
und sogar Autos.

Dieses Konsumvermögen kann sehr diffizile und verschieden-
artige Sicherheitsbedürfnisse befriedigen: Besitz macht die
Menschen sicherer, sei es gegenüber ihrer Umwelt, die nun einmal den Wert eines Menschen auch an seinem Besitzstand mißt,
sei es gegenüber der Zukunft. Eine guteingerichtete Küche und
Wohnung kann für das Alter eine ähnliche Funktion haben wie
ein Sparkonto oder Wertpapierdepot. Diese versprechen Alters-
einkommen, jene Alterswohlstand; und wo das Alterseinkom-
men durch den Staat garantiert ist, da genügt es vielen, für
den Alterswohlstand vorzusorgen.

8. Gerade das Sparen gehört zu den diffizilsten Objekten unserer Forschung. An der Oberfläche bietet es Schwierigkeiten
wie die Bestimmung des Sparzweckes, die Offenheit der späteren Verwendung, den Übergangscharakter allen gesparten Geldes, der freilich nicht mit dem Wesen des Sparens, sondern mit

dem des Geldes zusammenhängt. In einer tieferen Schicht stößt man auf den berühmten Zusammenhang von Sparen und Einkommen. Im großen und ganzen sparen die Leute mit hohem Einkommen einen größeren Teil davon als die mit geringem: dieser statistische Globalbefund hat sich im Laufe der Zeit im Bewußtsein vieler zu einer Art sozialökonomischer Gesetzmäßigkeit ausgebildet, die es nahelegt, anzunehmen, daß man einem Menschen nur mehr Geld zu geben brauchte, und schon wird er mehr sparen: *das* Patentrezept für jede Eigentums- oder Vermögenspolitik.

Das tatsächliche Verhalten der Menschen indessen spiegelt dieses „Gesetz" keineswegs wider. Ob jemand überhaupt spart oder nicht, hängt keineswegs allein von seinem Einkommen ab; allenfalls hängt es mit Beruf, sozialer Stellung usw. zusammen. Wieviel jemand spart, hängt ebenfalls von diesen sozialen Faktoren ab; wenn man sie konstant hält, zeigt sich ein gewisser Einfluß des Einkommens, und zwar meist bei solchen Sparern, die man im weiteren Sinne zum Mittelstande und zur Oberschicht rechnen kann. Bei den Arbeitern dagegen gibt es diesen Einfluß des Einkommens überhaupt nicht; Arbeiterfamilien mit höherem Einkommen sparen keineswegs einen größeren Teil davon als solche mit geringerem Einkommen[7].

Das Sparen ist nach alledem wahrscheinlich weit stärker sozial als ökonomisch determiniert. Aber bis zu den Ursachen sind wir noch gar nicht vorgestoßen. Selbst in den sparfreudigsten sozialen Gruppen, bei den Beamten und Selbständigen, gibt es eine ganze Anzahl von Leuten, die nachweislich nicht sparen. Wir sehen uns vorerst auf den Schluß angewiesen, daß es individualpsychische Motive sind, die das Sparen letzten Endes bewirken; sie haben sich bisher der empirischen Analyse entzogen,

---

[7] *Scherhorn*, G. und *Fricke*, D., Hängt die Spartätigkeit vom Einkommen ab? Bonn 1961, in: Blätter für Genossenschaftswesen, 1961, H. 16.

obwohl wir z. B. Versuche mit der Erfassung psychologischer Typen und ethnologischer Mentalität angestellt haben. Vorerst erscheint es fraglich, ob sich die schon in sich äußerst differenzierte Verhaltensweise „Sparen" überhaupt auf ein Motiv oder auch nur ein handliches Bündel weniger Motive zurückführen läßt.

9. Die Frage der Verhaltensmotive beginnt auch in der Unternehmerforschung eine Rolle zu spielen. Daß die Unternehmer Gewinne erzielen müssen, schreibt ihnen das Lebensgesetz ihres Betriebes vor; aber „Gewinn" und „Rentabilität" sind, je besser die Gewinnlage eines Unternehmens ist, ein um so weiterer Rahmen, innerhalb dessen sich Prestige und Aggressivität, Nachahmung und Übertrumpfung, Spieltrieb und Fortschrittsdrang austoben können. Gerade den Unternehmern schreibt die Wirtschaftstheorie die strengste Rationalität ihres wirtschaftliches Handelns vor; sie wiegt sich bis auf weiteres in dem Glauben, diese selbstverständliche Vorschrift werde im wesentlichen befolgt. In der Tat ist nichts schwieriger, als ein weniger rationales Verhalten beim Kauf von Investitionsgütern oder anderen Produktionsentscheidungen, wie es uns aus zahllosen Beispielen bekannt ist, exakt nachzuweisen; ein solcher Nachweis, könnte er eines Tages erbracht werden, würde möglicherweise einer neuen Theorie des Unternehmerverhaltens Bahn brechen[8]. Selbst die Frage, ob zum Unternehmer ein bestimmter Menschentypus gehört, können wir noch nicht mit Sicherheit beantworten, obwohl das wiederum für die Problematik der Entwicklungsländer von größter Bedeutung wäre; so sind dort, wo die Psychologie in die Sozialökonomik eintreten müßte, noch allzuviele Lücken.

10. Die Reihe der Berührungspunkte zwischen Volkswirtschaftslehre und Psychologie ist damit nicht abgeschlossen. Zu

---

[8] *Kreikebaum*, H. und *Rinsche*, G., Das Prestigemotiv in Konsum und Investition. Beiträge zur Verhaltensforschung, H. 4, Berlin 1961.

den „Imponderabilien", die von der neueren sozialökonomischen Forschung mit berücksichtigt werden, gehören weiterhin die Phänomene der Erwartung und der Entscheidung; es gehört dazu das Phänomen der Gewöhnung und Vertrautheit: die Gruppe der Arbeiter z. B., die mit Geld- und Wertpapiereigentum aus mancherlei Gründen nicht vertraut ist, setzt den Bemühungen der Vermögenspolitik einen passiven Widerstand entgegen, der nur durch geduldig wiederholte, wirksame Informationen und eine Politik ganz plausibler Anreize nach und nach beseitigt werden kann. Es gehört weiter hinzu das weite Gebiet der Meinungen und Einstellungen; neben den sozialen Prozessen der Willensbildung, z. B. im Parlament und im vorparlamentarischen Raum, beginnen wir auch die der Meinungsbildung zu erforschen[9].

---

[9] *Schmölders*, G., Die Politiker und die Währung. Bericht über eine demoskopische Untersuchung der Meinungsbildung in Finanz- und Währungsfragen im Dritten Deutschen Bundestag. Frankfurt (M.) 1959.

Prof. Dr. Günter Schmölders

Ausführungen zu den Thesen

Ich möchte zunächst ein Wort des Dankes dafür sagen, daß ich hier in diesen illustren Räumen, an dieser Stelle hoher Geistigkeit ein Thema zur Sprache bringen darf, das mir, wie Herr Kollege Lersch bestätigen wird, schon seit vielen Jahren am Herzen liegt: das Thema „Volkswirtschaftslehre und Psychologie". Und dank der nimmermüden Sorge unseres verehrten Herrn Geheimrats Weber ist noch ein Untertitel dazu gekommen, den ich erst gestern abend kennengelernt habe: „Faktoren und Imponderabilien".

In der Tat ist es das Verhältnis zwischen den sogenannten „ökonomischen Faktoren" und *den* Faktoren, die auch „Faktoren" sind, aber nicht meßbare, Imponderabilien vielleicht kurz genannt, das uns heute hier beschäftigen soll. Ich will dabei von den Ihnen vorliegenden Thesen die erste und zweite überschlagen — sie enthalten im wesentlichen nur die Themenstellung — und gleich in medias res gehen, und zwar an der Stelle, wo ich den Hauptangriff vom Kollegen Lersch erwarte: Was ist eigentlich in diesem Zusammenhang „Psychologie"?

Wir haben uns angewöhnt, das Wort „Psychologie" in einem Sinn zu gebrauchen, der wahrscheinlich dem Psychologen sehr auf die Nerven geht, nämlich fast im Sinn eines allgemeinen „Verhaltens" der Menschen: das gilt speziell für die Finanzwissenschaft, wo wir sehr viel mit psychologischen Dingen zu tun haben, mit dem Verhalten der Steuerzahler, mit der Steuermoral usw., aber auch mit dem Verhalten der Behörden, dem Verhalten des Staatsbürgers zum Staat und den Ansprüchen, die er an ihn stellt, seinem sogenannten Anspruchdenken usw. Das nennen wir in Köln „Finanzpsychologie", d. h. einfach ein Verstehen und eine Erforschung des Verhaltens der Menschen in den finanzwissenschaftlich relevanten Zusammenhängen.

Schon hier liegt ein großer Widerspruch zu dem, was die wissenschaftliche Psychologie wirklich tut. Diese beschäftigt sich nicht mit Gruppen, sondern im wesentlichen mit einzelnen Menschen. Diesen Unterschied, der für die Psychologie wahrscheinlich ungemein wichtig ist, lassen wir vollkommen dahingestellt. Wir wollen unter Psychologie und psychologischen Faktoren die Faktoren verstehen, die keine „ökonomischen Faktoren" im Sinne der Wirtschaftstheorie sind, sondern der Beitrag des menschlichen Elements im Wirtschaftsleben, eben die sogenannten „Imponderabilien". Das ist allerdings auch der Begriff der Psychologie, wie ihn die öffentliche Meinung hat; ich bin in der glücklichen Lage, Ihnen darüber einen Beleg vorlegen zu können. Wir haben vor zwei Jahren einmal die Einstellung der Mitglieder des deutschen Parlaments, des damaligen dritten deutschen Bundestags untersucht, in einer sehr gründlichen Repräsentativerhebung, die fast 100 von den rund 500 Mitgliedern des Parlaments in $1^1/_2$stündigem Gespräch auf ihr Verständnis für volkswirtschaftliche Zusammenhänge prüfte; nebenbei mit — wie ich hier vielleicht sagen darf — niederschmetterndem Ergebnis. Bei dieser Gelegenheit haben wir den Herren auch eine Frage über die Psychologie gestellt. Wir haben gefragt:

„Heute haben ja die meisten Politiker entweder juristische oder volkswirtschaftliche Kenntnisse: Glauben Sie, daß auch Psychologie ein nützliches Studium für jemand wäre, der politisch tätig sein will, oder kommt es darauf in der politischen Praxis weniger an?"

Auf diese Frage haben die Mitglieder des Deutschen Bundestags geantwortet: „Ja, die Psychologie ist nützlich" (82 %), „Nein, sie ist nicht so nützlich" (9 %), andere Antworten (6 %) und „Ich weiß nicht" (3 %). Also ganz überwiegend wird das Studium der Psychologie für nützlich gehalten. Es ist eine interessante, wenn auch nicht ganz leicht zu erklärende Erscheinung, daß die 82 % sich so zusammensetzen, daß die CDU/CSU-Abgeordneten nur zu 74 % die Frage bejaht haben, ob Psychologie ein nützliches Studium sei, die SPD-Abgeordneten aber zu 96 %. Nun, das soll uns hier nicht beschäftigen — es ist vielleicht soziologisch recht interessant —, sondern die Frage ist, was die so Befragten unter Psychologie verstanden. Und hier komme ich auf mein Thema zurück: Die Psychologie wird von den Abgeordneten des Deutschen Bundestags genau so aufgefaßt, in diesem oberflächlichen Sprachgebrauch als „Menschenkenntnis und Menschenbehandlung" oder „Verständnis für das Verhalten von Menschen", wie ich es vorher geschildert habe. Das sieht man an den Kommentaren; die Abgeordneten waren insofern ein einzigartiges Befragungs-„material", als sie sich nicht nur mit Ja- oder Nein-Antworten, schwarz oder weiß, begnügten, sondern sich fast zu jeder Frage gedrängt fühlten, ihre eigenen Kommentare zu geben. Das war hinsichtlich der finanzwissenschaftlichen und finanzpolitischen Dinge, zu denen wir sie befragt haben, teilweise sogar noch aufschlußreicher als die Antworten, die vorgegeben waren. Aus diesen Kommentaren ergab sich die Meinung der Abgeordneten darüber, was Psychologie ist: „Psychologie ist sehr wichtig für jedermann", „man muß Menschen behandeln können", „man muß Erfahrung haben"; also Psychologie im Sinn von Menschenkenntnis. „Psychologie ist auch wichtig für die Propaganda", „es gibt da Spezialisten, die werden da gebraucht" und dergleichen mehr. So etwa kommentierten die 82 % der Abgeordneten, die die Psychologie als nützliches Studium bejahten, ihre Antworten;

aber auch die, die sie verneinten, hatten den Eindruck: „Psychologie läßt sich nicht lernen", „man muß als Psychologe geboren sein", vor allem immer wieder „Erfahrung ist wichtig". Also auch diejenigen, die die Psychologie als Voraussetzung für politisches Handeln verneinten, hatten denselben Begriff: Die Psychologie ist die Lehre vom menschlichen Verhalten und seiner Beeinflussung, kurz gesagt, Menschenkenntnis und Menschenbehandlung ist das, was die öffentliche Meinung unter Psychologie versteht.

Bei uns in der Volkswirtschaftslehre heißt das vielleicht bedeutendste Werk über diese Zusammenhänge, das Buch des amerikanischen Nationalökonomen George Katona „Psychological Analysis of Economic Behaviour", in der deutschen Ausgabe einfach „Das Verhalten der Verbraucher und Unternehmer". Auch der Franzose Reynaud betreibt eine „psychologie économique" im üblichen Sinn der Psychologie, ebenso viele andere Autoren, über die ich Ihnen hier nicht alle berichten kann.

Katona schreibt beispielsweise:

„Die Psychologie wird gewöhnlich als die Wissenschaft vom Verhalten definiert. Sie untersucht dabei nicht nur das geistige Verhalten, etwa das Begreifen, das Lernen, das Denken. Die Erforschung erstreckt sich auch nicht nur auf Motive und Emotionen, auf die Entwicklung des Verhaltens von der Kindheit bis ins Alter, vom normalen zum abnormalen Geisteszustand oder auf individuelle Unterschiede, sondern die Psychologie umschließt all diese und auch noch viele andere Aspekte des Verhaltens. Sie fußt aber auch auf den Faktoren, die die verschiedenen Verhaltensformen hervorbringen und bestimmen."

Also das ist der Begriff der Psychologie, mit dem wir es heute hier zu tun haben. Mehr können wir nicht, mehr wollen wir nicht im Augenblick von ihr verlangen. Nun ist es mein schwerer Verdacht, daß die Psychologie sich mit den Problemen, die uns in der Volkswirtschaftslehre wichtig erscheinen, meistens nur sehr am Rande befaßt hat; das hat dazu geführt, daß die Wirtschaftswissenschaft sich eine Art hausgemachte Psychologie hat zurechtmachen müssen und dabei natürlich ständig in Gefahr ist, mehr oder weniger zu dilettieren. Unsere Verbindung zur Soziologie ist viel enger und viel direkter; mit soziologischen Methoden und soziologischen Problemen sind die sozialökonomischen unmittelbar verknüpft, aber mit der Psychologie haben wir stets gewisse Schwierigkeiten.

Einmal ist es so, daß viele Dinge, die uns in diesem Sinn psychologisch vorkommen, bei näherem Zusehen gar nicht „psychologisch" sind. Das berühmteste Beispiel hierfür ist das Weber-Fechnersche Grundgesetz der Reizschwelle, eines psychophysischen Grundphänomens, aus dem ja dann ein großer Teil der Grenznutzenlehre gekommen oder doch dadurch zum mindesten sehr befruchtet worden ist; diese „Entdeckung" der Reizschwelle durch die Psychophysik hat in der Volkswirtschaftslehre seinerzeit eine regelrechte Revolution herbeigeführt. Dieser Gedanke der „Schwelle" hat uns auch nach dem Abklingen dieser Revolution weiterhin fasziniert; aber bei genauerem Hinsehen stellt sich doch heraus, daß die den Nationalökonomen interessierenden Schwellenphänomene gar keine psychologischen Probleme sind, sondern daß wir es in der Wirtschaft meistens mit Massenphänomenen zu tun haben, und zwar häufig in der speziellen Form von Schwellenphänomenen, die heute untersucht werden. Der französische Wirtschaftspsychologe Reynaud schreibt jetzt gerade ein Buch über „L'économie des seuils", eine Wirtschaftslehre von den Schwellen, wonach es im Wirtschaftsleben immer auf bestimmte Schwellen ankommt; wo ist beispielsweise im Verlauf einer Inflation die Schwelle, an der die Geldentwertung in das Bewußtsein der Bevölkerung tritt und damit zu einer galoppierenden Inflation wird, gegenüber dem Zustand einer schleichenden Inflation, wo sie nicht ins Bewußtsein tritt? Wo ist die Schwelle einer Krise,

d. h. die Schwelle einer Konjunktur, die gerade in eine Krise überkippt?

In diesen Fragen haben wir in Köln viele Kontakte mit den Psychologen und den Psychiatern gehabt. — Ich kann anknüpfen an das, was vorhin Herr Dempf über derartige Fühlungnahmen zwischen den einzelnen Disziplinen gesagt hat; auch in Köln hatten wir vor einer Reihe von Jahren derartige interfakultative Gespräche im Professorenkreis. Wir hatten Philosophen, Ethnologen und Mediziner zusammen, auch einen Kriminologen dabei, der dann leider allzu früh gestorben ist — und so ist die Sache eingeschlafen. Aus dieser Zeit stammt ein interessanter Konnex mit den Medizinern, speziell mit zwei jüngeren Psychiatern, die meine Anregung, „psychologisch" über Krisen und Schwellenphänomene bei Krisen zu arbeiten, aufgegriffen und psychiatrisch ausgewertet haben, um die seelische „Krise" beim Menschen zu analysieren. Sie kommen zu einer regelrechten Analogie zu den Massenphänomenen, die wir in der Nationalökonomie als Krisen bezeichnen; sie schreiben, ganz ähnlich sei es auch bei der Entwicklung einer seelischen Krise oder einer geistigen Krise, z. B. bei einer Depression. Da gibt es diese anschwellenden und sich kumulierenden Spannungen, und dann gibt es ein Kippmoment, in dem die Gleichgewichtslage umkippt zum offenen Ausbruch einer geistig-seelischen „Krise", ganz ähnlich der Wirtschaftskrise, wie sie von uns Nationalökonomen seit über 100 Jahren beobachtet wird.

Hier haben wir wieder die Schwierigkeit, ein sich in der individuellen Psyche vollziehendes Ereignis ohne weiteres zu verallgemeinern und auf Gruppenphänomene zu übertragen. Bei den Arbeiten zur sozialökonomischen Verhaltensforschung, die wir in Köln durchgeführt haben, haben wir beispielsweise den Begriff der Schwelle stets so verwendet, daß er sich überhaupt nicht mehr auf Individuen, sondern nur noch auf Gruppenphänomene bezieht. Beispielsweise gibt es eine Schwelle für den Wertpapierbesitz; bei welcher Einkommensgröße beginnt überhaupt ein Interesse an Wertpapieren? Bei einem Einkommen von mehr als 7—800 Mark netto oder bei einem Geldvermögen von 2000 Mark kann man sagen, hier liegt eine gewisse Schwelle, von da an tritt das Wertpapier überhaupt erst in den Begriffskreis eines Haushalts ein; bis dahin gibt es das gar nicht. Eine ähnliche Schwelle gibt es bei dem Problem der Zinsempfindlichkeit; ich habe darüber neulich in der Zeitschrift für das gesamte Kreditwesen berichtet. Bei einem Kontostand von 2000 Mark liegt die Schwelle, von der ab der Sparer überhaupt weiß, daß er Zinsen bekommt oder wieviel er bekommt, m. a. W. ob es überhaupt eine Verzinsung für sein Geld gibt und wieviel. Solche Schwellen haben wir in der Nationalökonomie immer wieder; wir werden noch weitere finden, und daher dieser Ausdruck von Reynaud „l'économie des seuils", also eine Volkswirtschaftslehre der Schwellenphänomene, die diese Imponderabilien zunächst als Fakten — es sind ja Fakten — ins Bewußtsein der Verantwortlichen heben soll.

Natürlich ist das eigentlich gar nichts „Psychologisches" mehr; in dem Augenblick, wo wir die Einzelseele verlassen und die Vorgänge sich als Gruppenphänomene darstellen, kann man ihnen eigentlich nicht mehr mit psychologischen Methoden nachgehen, zum mindesten nur annäherungsweise. Hier ist eine Entwicklung, die auch in anderen Wissenschaften schon aufgegriffen worden ist; gerade weil wir hier interfakultative Gespräche führen, kann ich das erwähnen. Wir haben etwas Ähnliches zum Beispiel auch in der Biologie gehabt mit den falschen Rhythmen, den scheinbaren Rhythmen. Vor wenigen Tagen sprach ich noch in der Mainzer Akademie mit dem Kollegen de Rudder darüber, der viel dazu getan hat, diese „falschen Rhythmen" zu entlarven. Da gibt es beispielsweise den berühmten Irrtum über den Vermehrungsrhythmus bei den Bibern. Eine der ältesten Produktionsstatistiken, die wir besitzen, sind die Aufzeichnungen über die Pelztierjäger, die in der amerikanischen Kolonialzeit der damaligen Hudson-Bay-Company ihre Biberpelze brachten. Da läßt sich feststellen, daß die Jäger immer wieder in einem 7jährigen Rhythmus steigende Mengen an Pelzen einlieferten, dann plötzlich — Kippschwelle Null — gar keine Pelze mehr, bis dann erst allmählich wieder die Ablieferung in Gang kam. Die Frage war also „Was ist das für ein 7jähriger Rhythmus der Biberpelze?" Zunächst haben die Biologen geglaubt, es gebe im Leben der Biber 7jährige Vermehrungsperioden oder dergleichen; es stellte sich aber heraus, daß es sich dabei um „falsche Rhythmen" handelt. In Wirklichkeit liegt es gar nicht an den Bibern, sondern an ihrer Nahrungsmittelversorgung, und es liegt auch nicht eigentlich an den Nahrungsmitteln, sondern es liegt an den Schädlingen, die die Nahrungsmittel vernichten, die die Biber brauchen, so daß sie eines Tages keine Nahrung mehr finden und aussterben. Allmählich werden die Nahrungsmittel gegen die Schädlinge immun, und dann ist diese Schwelle überwunden; also die Biber sind es gar nicht, deren biologische Rhythmen uns interessieren, sondern die rhythmischen Verläufe der Schädlingskrankheiten unter den Pflanzen, welche die Biber fressen, sind für den zyklischen Ablauf der Biberpelzproduktion letztlich verantwortlich.

Diese „falschen Rhythmen" der Biologen veranschaulichen den Vorgang, den ich hier hervorheben wollte, daß nämlich manche Dinge, die man ursprünglich auf das Individuum bezieht und psychologisch erklären will, in Wirklichkeit gar nicht vom Individuum her zu erklären sind, sondern nur als Gruppenphänomene oder Massenphänomene auftreten, in diesem Fall sogar in ganz anderen Bereichen. Das war eine unserer Enttäuschungen: wir haben vieles für „psychologisch" gehalten, was in Wirklichkeit gar nicht „psychologisch" ist — es sei denn in dem allgemeinsten Sinne, daß es sich dabei eben um das Verhalten von Menschen handelt.

Das gilt auch für den Hauptpunkt, an dem wir die Einwirkung der psychischen Vorgänge auf Massenphänomene glaubten feststellen zu können: für die „psychische Ansteckung". Sie alle wissen, was psychische Ansteckung ist. Ich könnte ein kleines Experiment vorführen, aber ich will es mir aus bestimmten Gründen versagen: Wenn einer in einer Versammlung sehr herzhaft gähnt, pflegt das ansteckend zu wirken. Aus naheliegenden Gründen möchte ich das Experiment jetzt nicht machen.

Das ist der Fall der psychischen Ansteckung. Einer unserer hervorragendsten Konjunkturforscher, Professor W. A. Jöhr aus St. Gallen, der leider heute nicht hier sein kann, hat auf diese psychische Ansteckung seine ganze Theorie der Konjunkturschwankungen gegründet: im Konjunkturphänomen wirkt ein „sozialpsychologischer Kernprozeß", der sich über die Ansteckung, über die Nachahmung des guten oder auch schlechten Beispiels weiter verbreitet. Aus einzelseelischen Abläufen entsteht auf diese Weise ein Massenphänomen; so erklärt Jöhr die Konjunkturschwankungen. In Wirklichkeit ist dieses Psychische aber kein psychologisches, sondern ein soziologisches Phänomen. Unsere Kölner Verhaltensforschung hat es an einem ganz kleinen Beispiel, an der ansteckenden Wirkung des Kaufs von Fernsehgeräten untersucht: wer hat ein Fernsehgerät und wer kauft sich ein Fernsehgerät? Dabei zeigte es sich sehr deutlich, daß es keineswegs so ist, daß das Individuum sich eines isolierten Bedürfnisses bewußt wird, das allmählich übermächtig wird und dazu führt, daß tatsächlich ein Gerät gekauft wird; sondern es kommt darauf an, ob die Nachbarn eins haben, und wenn die Nachbarn eines haben, ist es von einem gewissen Punkt an ganz unvermeidlich, daß man sich selbst auch eines kauft. Das „muß" man tun, das „gehört heutzutage dazu", das ist der „angemessene Lebensstandard". Man wird durch die Umgebung dazu veranlaßt. Es zeigte sich, daß der Besitz von Fernsehgeräten überall dort gehäuft auftritt, wo bereits einige Fernsehantennen angebracht sind, während Familien gleicher sozialer Struktur in anderen Bezirken des gleichen Gemeinwesens kein Bedürfnis dafür empfinden. Die Antworten, die wir in einer mit Kölner Studenten durchgeführten Interviewaktion auf die Fragen nach dem Grund der Anschaffung des Geräts erhielten, stimmten genau mit dem objektiven Befund der Fernsehgenehmigungsstatistik und mit der topographischen Verteilung der Fernsehgeräte und -antennen überein. Wo viele Fernsehantennen sind, da kommt zu den sonstigen Kaufmotiven noch eine Art von sozialem Druck hinzu, dem man sich nicht recht entziehen kann.

Es wäre nun vielleicht psychologisch interessant, wie weit der „Normalverbraucher" diesem „sozialen Druck" in Stadt und Land im Endergebnis nachgibt, nachgeben muß oder nicht nachzugeben braucht; das ist ein anderes Problem. Aber die Tatsachen selbst sind so, daß die Verhaltensweisen dieser Art gar nicht allein psychologisch erklärt werden können, sondern nur auf dem Umweg über das Soziale. Insoweit haben wir also unser Vertrauen zu Unrecht in die Psychologie gesetzt; die Psychologen können uns mit Recht sagen: Das, was ihr erklärt haben wollt, das sind gar keine psychologischen Phänomene!

Auf der anderen Seite gibt es nun aber unglaublich viele wirtschaftliche Phänomene, und zwar gerade die banalsten wirtschaftlichen Phänomene wie kaufen und verkaufen, Kredit nehmen und Kredit geben, sparen, Umgang mit Geld usw., für die wir nach wie vor auf Erklärungen angewiesen sind, die irgendwie von der menschlichen Psyche her gegeben werden müssen. Das ist in der Werbepsychologie vielleicht am weitesten gediehen. Die Werbepsychologie — Herr Nieschlag wird entschuldigen, daß ich etwas in sein Gebiet hineinpfusche — hat festgestellt oder glaubt festgestellt zu haben, daß es sich bei der Anpreisung von Gütern eigentlich gar nicht um das Gut als solches handelt, sondern um ein Vorstellungsbild von einer Bedürfnisbefriedigung, die von dem Gut erwartet wird, um das sogenannte Imago oder „image", wie es heute auf Englisch heißt. Dieses Bild, das der Käufer von dem Gut in seiner Vorstellung hat — konkreter müßte es gar nicht Vorstellung, sondern wahrscheinlich Empfindung heißen — braucht mit der Wirklichkeit und dem objektiven Befund des Gutes gar nicht immer und unbedingt übereinzustimmen; wenn das „image" stark genug ist, wird es zum Kauf kommen. Aus dieser Erkenntnis ziehen wir in der Sozialökonomik heute die Konsequenz, daß der objektiv niedrige Preis einer Ware gar nicht das Entscheidende für ihren Absatz ist — Sie alle kennen die Produkte, die erst wertvoll werden, wenn sie teuer sind, Sie brauchen sich nur an Parfums zu erinnern und ähnliche Dinge —, daß also der Preis sozusagen nur ein Bestandteil des Imago neben anderen Bestandteilen ist. In Wirklichkeit liegt bei jedem Kauf — wir haben versucht, eine Reihe vom Impulskauf bis zum rational geplanten Kauf aufzustellen — der Kaufentschluß irgendwo in dem breiten Mittelfeld zwischen diesen beiden Extremen; einen chemisch reinen Impulskauf wird es ebensowenig geben wie einen reinen, lange im voraus genauestens geplanten Rationalkauf, aber in der Mitte zwischen den Extremen liegt irgendwo das auslösende Moment für den wirklichen Kaufentschluß, nicht zuletzt in dem, was die Psychologen den „Aufforderungscharakter" einer Ware, eines Gutes nennen; so ist das von dem Mannheimer Psychologen B. Spiegel neulich in einem Vortrag in Köln und auch in seinem Buch über die Struktur der Meinungsverteilung im sozialen Feld dargestellt worden. In der Werbepsychologie ist also nicht die objektive Beschaffenheit einer Ware die Realität, sondern die Verbrauchervorstellung, die durch eine gewisse Überprägnanz des Vorstellungsbildes

und durch die Intensität ihres Erlebnisses werblich gesteigert
werden kann. Das Imago oder image und die Intensität des so
vorgestellten Bedürfnisses steigen um so mehr an, je geringer
die Distanz und je größer der Aufforderungscharakter eines Be-
dürfnisobjektes wird. Das heißt doch nichts anderes, als daß
unser alter guter nationalökonomischer Begriff „Bedürfnis"
plötzlich zum Teil in eine Eigenschaft des Gutes verwandelt
wird, um das es sich handelt; dieses Gut regt durch seinen „Aufforderungscharakter«, und zwar je nach der Distanz der Wahr-
nehmung, das Bedürfnis für die zur Schau gestellte Ware an.
Natürlich kann der Aufforderungscharakter ein und desselben
Gutes bei verschiedenen Branchen durchaus verschieden sein. So
wird nach dieser psychologischen Auffassung aus einer Beschaffenheit des Gutes, nämlich seinem Aufforderungscharakter, bei
dem Käufer ein Bedürfnis. Ob das alles richtig ist und ob der
Grad dieses „Aufforderungscharakters" womöglich meßbar ist,
wie B. Spiegel das in seinen sogenannten Aufforderungsgra-
dienten versucht hat, das alles scheint mir zwar noch fraglich
zu sein; aber man muß doch feststellen, daß die Werbepsychologie damit schon gewisse Ansätze für eine angewandte Psychologie des Wirtschaftslebens darbietet, die freilich noch ganz
in ihren Anfängen steht. Wir haben eine Fülle von Fragen an
die Psychologen, nicht nur allgemein über Käufertypen und
Käuferverhalten, sondern auch über den Entscheidungsprozeß
im einzelnen Menschen und im einzelnen Haushalt darüber,
was er kaufen will, d. h. was er ausgeben will und was er sparen, also nicht ausgeben will.

Ein großer Teil unserer makroökonomisch argumentierenden
Wirtschaftstheorie erklärt bekanntlich alles Geld, das nicht
ausgegeben wird, einfach ex definitione für „gespart"; Nicht-
ausgabe von Geld ist „Sparen", Ausgeben von Geld ist „Nicht-
sparen". Um dem wirklichen Verhalten der Sparer und Nicht-
sparer in Deutschland empirisch nachzugehen, haben wir vor

zwei Jahren eine große Untersuchung durchgeführt; eine repräsentative Auswahl von über 1000 Privathaushalten in der ganzen Bundesrepublik wurde in ausführlichen Interviews über ihr Verhältnis zum Geld und Sparkonto befragt. Wir sind dabei so vorgegangen, daß stets alle erwachsenen Mitglieder des Haushalts gefragt wurden, und zwar zu Kontrollzwecken Mann und Frau und erwachsene Kinder nach Möglichkeit getrennt, um ein wirkliches Bild von den Haushaltsentscheidungen über Sparen und Geldausgeben und über den Umgang mit Geld zu gewinnen. Dabei haben sich eine ganze Reihe von Ergebnissen gezeigt, die die makroökonomische These „Sparen heißt Geld-nicht-Ausgeben" empirisch widerlegen; Sparen ist ein Verhalten, das nicht „negativ" definiert werden kann als Geld-nicht-Ausgeben, sondern das ganz entscheidende positive, aktive Züge trägt. Die Einzahlung auf ein Sparkonto ist unter Umständen keineswegs ein Sparen im Sinne der Akkumulation, sondern vielleicht umgekehrt nur die Vorbereitung für eine Kaufhandlung, die allerdings erst nach Ansammlung einer gewissen Summe realisiert wird. Genausogut kann ein Akt des Geldausgebens, z. B. der Kauf von dauerhaften Gebrauchsgütern oder der Kauf eines Hauses, in Wirklichkeit ein Sparakt sein, nämlich z. B. eine Vorsorge für das eigene Alter. Auf Schritt und Tritt ergeben sich bei dieser sozialökonomischen Verhaltensforschung, die wir von Köln aus mit empirischen Methoden durchführen, Fragen über Fragen an die Psychologie; aus den auf Grund unserer primären Hypothesen beobachteten, tatsächlich feststellbaren Verhaltensweisen leiten wir wiederum gewisse Hypothesen ab, die gewissermaßen im Rohzustand an den Psychologen weitergegeben werden müssen, damit sie dort verifiziert oder falsifiziert, in ihrem Zusammenhang gedeutet oder näher analysiert werden können.

Eine solche Hypothese wäre, daß Besitz die Menschen irgendwie sicherer macht — es könnte daher eine Art von Sicherheitsbedürfnis sein, das dem Sparen, aber auch dem Kauf dauerhafter Gebrauchsgüter, eines Einfamilienhauses z. B., zugrunde liegt; man fühlt sich sicherer gegenüber der Umwelt, sicherer gegenüber der Zukunft, sicherer in seinem sozialen Prestige. Die bekannte Flucht in die äußeren Statussymbole, in die viel berufenen Erscheinungsformen des prestigeorientierten Konsums liegt wahrscheinlich neben vielem anderen auch in einer gewissen Unsicherheit, in diesem Fall einer Statusunsicherheit begründet, etwas, was man früher Minderwertigkeitskomplex nannte. Vieles ist dabei natürlich auch die gewissermaßen legitime Sicherung für das Alter; braucht man heute auch in der Regel finanziell für das Alter nicht mehr vorzusorgen — man hat eine Rente —, so sorgt man eben für einen gewissen Wohlstand im Alter vor, alles Ausprägungen und Symptome des Sicherheitsstrebens, das ja nur ein anderer Ausdruck für Lebensangst und Ungewißheit ist.

Ein besonders markantes Ergebnis unserer Untersuchung war es, wie ich glaube, daß es uns gelungen ist, die These von der „Sparfunktion des Einkommens" zu modifizieren. Die Makroökonomik pflegte einfach davon auszugehen, das Sparen sei eine „Funktion des Einkommens", das heißt ursächlich von der Einkommenshöhe her bedingt; wer mehr Einkommen hat, der spart mehr. Wir haben demgegenüber festgestellt, woraus die Unterschiede in den Sparentschlüssen der einzelnen Haushalte wirklich resultieren. Es ist bei gleichem Haushaltseinkommen völlig unterschiedlich, ob und wieviel gespart wird, je nachdem, ob eine oder mehrere Personen im Haushalt leben, also ob es sich um einen Normalhaushalt mit Kindern oder ohne Kinder, um einen Einverdiener- oder Mehrverdienerhaushalt handelt. Interessanterweise sparen Mehrverdiener-Haushalte weniger als Normalhaushalte, die nur einen Verdiener haben; das Gegenteil wäre nach der makroökonomischen „Sparfunktions"-These des Einkommens anzunehmen gewesen. Auch hier hilft uns unsere Unsicherheitshypothese weiter; ganz abgesehen von der Sicherheit, die das Gesparte gewährt, liegt eben darin, daß mehrere Verdiener da sind, schon ein gewisser Ersatz für das Sparen, ist das Sparen nicht so notwendig. Natürlich kommen auch viele andere Dinge hinzu, die wir alle gern näher erforschen möchten, wie das erhöhte Selbstgefühl und die erhöhten Ansprüche der Mehrverdiener-Familien, die unter Umständen über ganz beachtliche Haushaltseinkommen verfügen; auch vielleicht gewisse Generationsprobleme, etwa daß die Kinder jetzt groß geworden sind — man braucht sich nicht mehr so sehr um sie zu sorgen, so daß dann eben das Sparen aufhört. Aber alle diese Dinge müßte man noch genauer untersuchen. Zunächst war die empirische Nachprüfung der „Sparfunktion" unser Anliegen, also die Prüfung jener Hypothese, die der berühmte englische Nationalökonom John Maynard Keynes in die Form eines, wie er es nannte, „psychologischen Fundamentalgesetzes" gekleidet hat, nach dem mit steigendem Einkommen zwar mehr Geld ausgegeben wird, aber nicht im vollen Ausmaß der Einkommenszunahme; d. h. es wird mehr gespart, im Verhältnis also weniger ausgegeben mit steigendem Einkommen. Dieses „psychologische Fundamentalgesetz" habe ich immer wieder vergeblich allen erreichbaren Psychologen vorgelegt; von einem psychologischen Fundamentalgesetz hörten sie in der Regel zum erstenmal. J. M. Keynes ist eben kein „Psychologe"; er meint einfach eine Verhaltensweise der Menschen, die dazu führt, daß bei größerem Einkommen verhältnismäßig mehr von diesem Einkommen nicht gleich wieder ausgegeben, d. h. „gespart" wird. Aus diesem bedenklich vereinfachten Zusammenhang macht die Wirtschaftstheorie heute eine „individuelle Sparfunktion"; ich zitiere unseren Heidelberger Kollegen H. Haller mit seinem Artikel „Sparen" im Handwörterbuch der Sozialwissenschaften: „Die individuelle Sparfunktion ist weiterhin so beschaffen, daß... mit steigendem Ein-

kommen eine immer größere Quote gespart wird, die Grenz-
neigung zum Sparen also zunimmt."

Tatsache ist natürlich, daß ohne Einkommen kein Sparen
möglich ist, daß Völker mit höherem Einkommen höhere Sparquoten haben können, ebenso Haushalte mit höheren Einkommen erhöhte Sparquoten und daß es ein gewisses Rest-
sparen gibt, daß Einkommensteile eben einfach irgendwie
„übrigbleiben". Daß dieses Übrigbleiben von Geld gegenüber
dem Ausgabenbedarf den Ehrentitel „Sparen" verdient, möchte
ich nicht annehmen. Gerade wenn heute der Wunsch besteht,
das Sparen in breitesten Bevölkerungsschichten zu verankern
und beispielsweise die Arbeiter zum Vermögensbesitz zu erzie-
hen, muß man den Dingen genauer nachgehen; ob und wieviel
ein Haushalt in Wirklichkeit spart, hängt nach unseren Untersuchungen keineswegs allein von seinem Einkommen ab, sondern daneben von zahlreichen anderen Faktoren, dem Beruf
und der sozialen Stellung des Haushaltungsvorstandes, von seinem Anspruchsniveau im Verhältnis zu seinem Leistungsniveau,
von seinem persönlichen Temperament, seinem Selbstbewußt-
sein, seinem Sicherheitsbedürfnis und vielem anderen. Ein gewisser Einfluß des Einkommens ist natürlich da; das Einkommen ist, in der Sprache der Logik ausgedrückt, eine „conditio
sine qua non", aber nicht die „conditio per quam". Der Einfluß des Einkommens beschränkt sich beispielsweise nach dem
Ergebnis unserer Untersuchung auf den gehobenen Mittelstand
und auf die wirtschaftliche Oberschicht; bei den Arbeitern hat
das Einkommen, generell betrachtet, mit dem Sparen einfach
nichts zu tun. Eine Arbeiterfamilie, die mit 300 Mark im Monat auskommen muß, spart nicht mehr und nicht weniger als
eine Familie mit 400 DM monatlichem Nettoeinkommen,
d. h. sie sparen in der Regel beide nicht; aber auch wenn in
dieser sozialen Schicht und Berufsgruppe eine Ersparnisbildung
vorkommt — und sie kommt erstaunlicherweise vor — dann

hat sie mit der unterschiedlichen Höhe des Einkommens nichts
zu tun.

Das ist wichtig, weil heute die meisten Pläne für die Stär-
kung der Vermögensbildung in Arbeiterhand einfach darauf
hinausgehen, das Einkommen der Arbeiter zu erhöhen in der
Annahme, das „psychologische Fundamentalgesetz" oder die
„Sparfunktion" werde dann schon für alles übrige sorgen. Bei
den Arbeitern als sozialer Kategorie ist das einfach nicht der
Fall. Das Sparen, so könnte man nach den Ergebnissen unserer
Untersuchung sagen, ist weitgehend viel stärker sozial determiniert als ökonomisch; zum mindesten läßt sich eine dahin-
gehende Vermutung aufstellen. Sicher ist nur, daß eine Erhöhung des Haushaltseinkommens nicht ohne weiteres alsbald
dazu führt, daß davon auch ein steigender Teil gespart wird.
Dafür kommt es vielmehr darauf an, ob es ein Einverdiener-
Haushalt oder ein Mehrverdiener-Haushalt ist, wie das Anspruchsniveau des Haushalts sich zu seinem Lebenshaltungs-
niveau verhält; hier sind junge Haushalte von älteren Haushalten zu unterscheiden, schwäbische von rheinischen, und insbesondere Arbeiterhaushalte von Angestellten- und Beamten-
haushalten der gleichen Einkommensgruppe, deren Sparverhalten sich grundsätzlich voneinander unterscheidet.

Überhaupt ist der Begriff des Einkommens, mit dem wir Ökonomen so leicht operieren, ein sehr problematischer Begriff. Das
Einkommen ist jedenfalls keineswegs nur eine ökonomische
Größe, etwa die finanziellen Mittel des einzelnen, die seine
wirtschaftliche Lage bestimmen. Ökonomisch kann man überhaupt nur vom Haushaltseinkommen ausgehen, von der Gesamtsumme an Einkommen derer, die zusammen einen Haushalt bilden. Das Einkommen des einzelnen, auch des allein ver-
dienenden Familien- oder Haushaltsvorstandes ist primär keine
ökonomische sondern eine soziale Größe; dieses Einkommen
übersetzt er beim Geldausgeben in ökonomische Entscheidun-

gen des Kaufens. Im Haushalt sieht dieses Einkommen des einzelnen, das er laut Lohnliste an seiner Arbeitsstelle verdient hat, ganz anders aus, je nachdem, ob er mit mehreren Verdienern zusammen einen Haushalt hat oder vielleicht allein steht oder wiederum als Alleinverdiener eine große Familie zu versorgen hat. Hier ist das Einkommen im wesentlichen eine ökonomische Größe; das individuelle Einkommen ist dagegen vor allem ein Ausdruck der sozialen Rangordnung, ein Index der sozialen Stellung seines Beziehers, und es ist interessant, daß diese soziale Stellung, deren Index das Einkommen ist, tatsächlich eine Verbindung mit dem Sparen hat; nicht mit steigendem Haushaltseinkommen, wohl aber mit steigendem sozialem Rang, der sich u. a. in dem individuellen Einkommen ausdrükken kann, spart der Haushalt mehr. Tatsächlich wird, bei gleichem Einkommen, im Arbeiterhaushalt nur halb soviel gespart wie in den Haushalten der Selbständigen, Beamten und Angestellten; die Unterschiede bestehen nicht zwischen den einzelnen Einkommens-, sondern zwischen den einzelnen Berufsgruppen.

Diese Unterschiede will ich hier im einzelnen nicht näher analysieren, sondern nur auf die psychologischen Zusammenhänge hinweisen; hierzu haben wir einen kleinen Versuch gemacht, um herauszubekommen, welchem psychologischen Typ unsere Befragten angehören. Wir haben dabei die psychologischen Typen auf Grund einer Selbsteinschätzung der Befragten ganz roh nach zwei Gesichtspunkten — einmal individualpsychologisch und dann nach der allgemeinen Mentalität — eingestuft. Wir haben den Befragten nach vielen anderen Fragen auch eine Liste von menschlichen Eigenschaften vorgelegt. Die Frage lautete:

„Jetzt eine etwas seltsame Frage. Bei keinem Menschen sind alle guten Eigenschaften beisammen, jeder hat seine Vorzüge und Fehler. Das ist ganz allgemein so. Sehen Sie, ich habe hier eine Liste. Könnten

Sie mir danach sagen, was für Sie im Grunde genommen zutrifft? Sie brauchen mir nur die Nummern anzugeben."

Da war zunächst eine Reihe von schlechten Eigenschaften aufgezählt, die die Befragten auf sich selber beziehen sollten; die Antworten haben wir dann natürlich mit größter Vorsicht nur nach drei oder vier großen Gruppen einregistriert. Als „schlechte" Eigenschaften haben wir beispielsweise vorgegeben: „Ich bin vielleicht etwas hart und rücksichtslos"; „tue anderen weh ohne es zu wollen"; „bin etwas jähzornig, unbeherrscht, ich kämpfe dagegen an". Dann eine zweite solche Reihe: „Ich bin zu nachgiebig", „unentschlossen", „schüchtern" usw. Dann haben wir den Befragten, nachdem die erste Liste angekreuzt war, eine zweite Liste gegeben:

„Und jetzt ist hier noch eine Liste mit guten Eigenschaften. Das gibt man nicht gern zu, aber warum eigentlich nicht? Könnten Sie mir sagen, was für Sie ganz bestimmt zutrifft?"

Da wurde denn auch eifrig angekreuzt, und auch hier haben wir die Antworten nur nach wenigen verschiedenen Gesichtspunkten zusammengestellt, und zwar aus der „guten" und der „schlechten" Liste kombiniert; beispielsweise danach, ob es eine vitale Persönlichkeit oder eine schwächliche ist; ob der Befragte pedantisch kleinlich ist oder eine mehr großzügige Einstellung hat, starke Selbstdisziplin hat oder eher schwach gegen sich selbst ist, was ja für das Sparen sehr wichtig ist, wie sich auch völlig bewahrheitet hat. Die vitalen Typen haben die Frage, ob sie in den letzten Monaten etwas zurücklegen konnten, zu 59 Prozent mit Ja beantwortet; von ihnen war es nur einer Minderheit von 41 Prozent nicht möglich, etwas zurückzulegen. Die Schwächlichen konnten in ihrer Mehrheit nichts zurücklegen, die Pedantischen sagten zur Hälfte, sie hätten nichts zurücklegen können. Die Großzügigen haben doppelt so oft erklärt, es sei ihnen nicht möglich gewesen (63 gegen 37 Prozent). Die Menschen mit hoher Selbstdisziplin haben eher gespart als die mit schwacher Selbstdisziplin (55 gegen 45 Prozent).

Das sind natürlich, wie Herr Lersch wahrscheinlich sagen wird, noch recht dilettantische Versuche, psychologische Typen zu bilden; solche Selbsteinschätzungstests grassieren ja heute in allen Illustrierten. Aber natürlich kommt es dabei hauptsächlich auf eine wohlüberlegte, vorsichtige Auswertung der Antworten und ihre Zusammenfassung zu Gruppen an; das haben wir uns sehr genau mit unseren psychologischen Mitarbeitern und in Allensbach überlegt und beispielsweise für „vital", „starkes Lebensgefühl" nur die Antworten gewertet: „Ich bin hart und rücksichtslos"; „tue anderen weh ohne es zu wollen"; „bin etwas jähzornig, unbeherrscht, dagegen kämpfe ich an"; „gelte als tüchtig im Beruf"; dazu von den guten Eigenschaften die Antworten: „Übernehme gern Verantwortung, Verantwortung reizt mich"; „bin sehr energisch"; „kann mich gut durchsetzen"; „habe feste Lebensziele, die ich eisern verfolge, da bin ich auch hart gegen mich selbst". — Wer also diese Fragen, sowohl die schlechten wie die guten Eigenschaften bejaht hatte, den haben wir unter „vital" eingereiht; wer dagegen bejaht hatte, „unentschlossen", „zu nachgiebig", „schüchtern", „etwas grüblerisch", „hänge gern meinen Gedanken nach", den haben wir unter „geringe Vitalität" eingereiht. So ähnlich haben wir dann die „Pedantisch-Kleinlichen" und im Gegensatz dazu die „Großzügigen" charakterisiert, ebenso „starke Selbstdisziplin" und „geringe Selbstdisziplin". Demnach sind es offenbar doch auch individualpsychische Faktoren, die für den Sparentschluß und den Entschluß zum Geldausgeben maßgebend sind.

Eine weitere Gegenprobe haben wir nach der allgemeinen Mentalität gemacht. Sie alle wissen, daß die einzelnen Völker und Volksstämme sich generell ganz verschieden zum Sparen und Geldausgeben einstellen. Wir haben die Mentalität der einzelnen deutschen Volksteile und Stämme hinsichtlich ihres Umganges mit Geld und ihrer Einstellung zum Sparen untersucht; wenn man ans Sparen denkt, so denkt man ja unwillkürlich an die Schotten, aber auch die deutschen Stämme sind hinsichtlich ihrer Sparmentalität außerordentlich unterschiedlich. Zieht man nur die tatsächlichen Einzahlungen aufs Sparkonto in Betracht — das ist natürlich nur eine Form des Sparens, die markanteste, aber keineswegs die einzige —, dann sind die Einzahlungen bei den Norddeutschen (Schleswig-Holstein, Niedersachsen, Hamburg, Bremen und Berlin) verhältnismäßig niedrig. Nur 16 Prozent zahlen regelmäßig ein. In Westdeutschland (Nordrhein-Westfalen, Hessen) sind es schon 18 Prozent, und in Süddeutschland, vor allem in Baden-Württemberg, sogar 21 Prozent. Sie kennen ja die Charakterisierung des Schwaben: „Schaffe, schaffe, spare, Häusle baue, verrecke!" als normale Lebensregel.

Wenn man nun statt nach den tatsächlichen Einzahlungen auf das Sparkonto die grundlegenden Attitüden prüft, das heißt die Einstellung zum Sparen sozusagen abstrakt und ohne Rücksicht darauf, ob und was gespart wird — vielleicht liegt es ja auch an äußeren Gründen, etwa am zu geringen Einkommen, daß nicht gespart wird —, dann kommt diese landsmannschaftliche Sparmentalität noch sehr viel deutlicher heraus. Die Norddeutschen identifizieren sich nur zu 41 % mit den strengen Sparsamkeitsgrundsätzen, die Westdeutschen zu 48 % und die Süddeutschen zu 59 %, während umgekehrt eine „großzügige" Einstellung, die mit Sparen und Sparsamkeit wenig im Sinn hat, in Norddeutschland in 33 % der Fälle vorherrscht, in Westdeutschland dagegen nur zu 26 % und in Süddeutschland sogar nur in 18 % der Fälle, also nur etwa halb soviel wie in Norddeutschland. Dabei ist natürlich diese grobe geographische Einteilung bei weitem nicht so aufschlußreich, wie es eine präzise individuelle Aufgliederung wäre. Nimmt man nämlich die Zahlen für Nordrhein-Westfalen zusammen, so bringt man sich um einen wesentlichen Teil ihres Aussagewertes; die Rheinländer sind bekanntlich ganz andere Menschen als die Westfalen, so daß in den Gesamtzahlen soundso viel von der rheinischen Großzügigkeit durch westfälische Härte kompensiert wird und umgekehrt. Man müßte individuell die rein schwäbischen Familien für sich nehmen, die Hessen, die Rheinländer, die Bremer und Hamburger je für sich. Wir haben in diesem Zusammenhang eine andere Frage gestellt:

„Angenommen, Sie beobachten zufällig, wie eine Frau einem fremden Jungen eine Mark gibt, weil er ihr geholfen hat, einen Korb drei Treppen hoch zu tragen. Finden Sie das zu viel oder nicht zu viel?"

Die Hamburger und Bremer antworteten zum großen Teil dahingehend, es sei nicht zuviel, während man in Süddeutschland weit einhelliger der Meinung war, eine Mark sei für diesen kleineren Dienst viel zuviel; ganz besonders in Württemberg und in Hessen überwog diese Einstellung. In dieser Weise kann man Sparmentalität und das Geldwertempfinden vielleicht nicht genau messen, aber doch einen ersten Eindruck davon gewinnen. Natürlich sind das zunächst nur Attitüden, allgemeine Einstellungen, noch nicht effektive Verhaltensweisen; das Verhalten, wie es sich dann in der Einzahlung auf Sparkonten niederschlägt, liegt natürlich eine ganze Stufe tiefer als diese Einstellungen und Motive.

Ebenso wie den „Umgang mit Geld" hoffen wir, in unserer Kölner Forschungsstelle für empirische Sozialökonomik auch die Unternehmermentalität und das Unternehmerverhalten genauer zu erforschen. Auch das sind Gebiete, die von der Wirtschaftstheorie bisher außerordentlich vernachlässigt worden sind. Das generelle Unternehmerbild der Wirtschaftstheorie stellt das Streben nach Gewinnmaximierung in den Vordergrund. Natürlich muß ein Unternehmer darauf bedacht sein, Gewinne zu erzielen; das Lebensgesetz seines Betriebes schreibt ihm vor, daß die hereingeholten Erlöse nicht ständig unter den aufgewandten Kosten liegen können. Aber auch hier wie bei der Sparfunktion ist ja die Absicht der Gewinnerzielung in keiner Weise das einzige Motiv oder auch nur das beherrschende; vielmehr sind auch hier die größten Unterschiede festzustellen. Man braucht nur die Frage nach der Unternehmermentalität in den Entwicklungsländern zu stellen, um die ganze Bedeutung dieses Problems zu ermessen. Ich hatte jetzt gerade drei Wochen Gelegenheit, im Auftrag der türkischen Regierung diese Fragen an Ort und Stelle zu studieren. Der Türke ist, wenn Sie einmal Werner Sombarts Typologie der Wirtschaftsmentalität zugrunde legen, mehr „Held" als „Händler". Er ist bereit, zur Verteidigung seiner Ehre zum krummen Säbel zu greifen, wenn es sein muß, aber jeden Morgen um 8 Uhr im Büro sein, nach einem durchdachten Plan arbeiten, Investitionen vornehmen und sein Unternehmen zielbewußt zum Erfolge führen, das kann er nicht, der Türke ist dafür nicht geeignet. In den Entwicklungsländern ist aber die Unternehmerinitiative das A und O aller wirtschaftspolitischen Maßnahmen, die getroffen werden müssen; das sieht man da so deutlich, daß man es gar nicht mehr zu erwähnen wagt. Aber natürlich ist die unternehmerische Mentalität auch in zivilisierten und entwickelteren Ländern ein wesentliches Moment.

Wie weit das Unternehmerverhalten wirklich rational ausschließlich auf Gewinnmaximierung gerichtet ist, wäre eine große Untersuchung wert. Bei Katona findet sich der Hinweis, „daß nach Äußerung eines Unternehmers selbst viele Dinge neben dem Gewinnstreben in Frage kommen: das Prestige, der Ruf der Firma im Wettbewerb, soziale Anschauungen, gesellschaftliche Stellung, philanthropische Interessen, Kampfeslust, Neigung zur Intrige, Abneigung gegen Reibungen, technisches Interesse, napoleonische Träume, Vorliebe für nützliche und wirksame Tätigkeit, Wunsch nach Hochschätzung bei den Arbeitnehmern, Vorliebe für das Licht der Öffentlichkeit oder große Furcht davor — eine lange Reihe nichtökonomischer Motive bedingen die Leistung eines Unternehmers, und nur die Bilanz hält diese nichtökonomischen Motive im Zaum."

Also danach ist das Gewinnstreben überhaupt nicht mehr das primäre Motiv, sondern sozusagen nur die Bremse für das Sichauslebenlassen aller möglichen anderen Motive. Sicherlich bestehen hier ebenfalls große Mentalitäts- und individuelle Unterschiede; die biographische Literatur über die großen Unternehmerpersönlichkeiten ist eine Fundgrube für derartige Zusammenhänge. Wir haben in Köln eine kleine Stichprobe gemacht, wie weit die Unternehmer nach dem Kretschmerschen Schema der Konstitutionstypen charakteristische Unterschiede in ihren Einstellungen und Verhaltensweisen erkennen lassen; leider gibt es noch gar kein Material darüber, welchen Konstitutionstypen die Unternehmer oder wenigstens die erfolgreichen Unternehmer angehören. Eine Vermutung geht dahin, diese „geborenen" Unternehmer seien typmäßig weder athletisch noch leptosom, d. h. sie gehörten überwiegend nicht zu den schizothymen Typen, sondern die Unternehmer seien von Natur aus auf den zyklothymen Typus angelegt. Wir haben diese Hypothese nur einmal an sechs beliebig herausgegriffenen Unternehmerpersönlichkeiten geprüft und hier tatsächlich den Pykniker als den erfolgreichsten Unternehmertypus unter diesen wenigen bestätigt gefunden; aber das ist natürlich kein Beweis. Man braucht diese Fragen nur anzudeuten, um sogleich zu erkennen, wie fruchtbar eine engere Zusammenarbeit zwischen Volkswirtschaftslehre und Psychologie werden könnte und wie viele Fragen wir an die Psychologie hätten. Unser finanzwissenschaftlicher Kollege H. Dalton, weiland Schatzkanzler der britischen Labour-Regierung, schrieb 1948:

„Der Sozialökonom blickt voller Hoffnung auf den Psychologen. Aber dieser neigt dazu, sich mit steinernem Blick und ausdruckslosem Gesicht abzuwenden und von anderen Fragen zu sprechen, beispielsweise von der unzureichenden psychologischen Grundlegung der modernen Wirtschaftstheorie. So sieht sich der Sozialökonom, solange er nicht auf eine etwas nützlichere Hilfe vom Psychologen rechnen kann, auf seine eigenen schmalen Reserven an Psychologie angewiesen."

Das ist diese „hausgemachte Psychologie", von der ich einleitend gesprochen habe und die natürlich den Spott der Psychologen herausfordert; die psychologische Fachwissenschaft bietet uns andererseits aber bisher in der Tat recht wenig Hilfe. Wir brauchen diese Hilfe der Psychologen insbesondere auf dem Gebiet unserer Konsumtheorie, wo es sich um die Bedürfnisse, die Bedürfnisweckung und Bedürfnisbefriedigung handelt, um den „Aufforderungscharakter" der Waren und um die Entscheidungen der Käufer; in der Geldtheorie, denken Sie nur an die Theorie der Börsenkurse, die so eminent psychologisch sein müßte; in der Theorie der Konunkturen und Krisen. Wir brauchen allerdings auch viel Sozialpsychologie oder Gruppendynamik, wie man es heute nennt. In der Finanzwissenschaft haben wir in Köln eine „hausgemachte" Finanzpsychologie entwickelt, im wesentlichen auf der Grundlage der Sozialpsychologie; in der Wirtschaftspolitik und in der Sozialpolitik geht es im wesentlichen hinüber zur Soziologie. Daneben bemühen wir uns in Köln in unserer „sozialökonomischen Verhaltensforschung" — wir haben diesen Ausdruck gewählt, um der Gefahr vorzubeugen, daß er von der Tierpsychologie monopolisiert würde und um ihn für die Fragen des Humanverhaltens zu rehabilitieren — zu unserem Teil überfakultativ um eine Integration der Sozialwissenschaften; gerade in den Fragen, die noch ungelöst sind und von unserem Wissen her vielleicht unlösbar sind, wenden wir uns hier ebenfalls an die Psychologie. Ich hoffe, daß unser heutiges Gespräch einen ersten Anknüpfungspunkt zwischen diesen beiden Wissenschaften bringt, der weiterhin vertieft und erweitert werden könnte.

In der Sicht der Psychologie

Prof. Dr. Philipp Lersch

Herr Schmölders hat in seiner lebendigen Art eine Fülle von Fragen aufgeworfen und Anregungen gegeben. Es ist nicht möglich, auf sie im einzelnen einzugehen. Aber ich möchte doch drei Punkte herausgreifen.

1

Herr Schmölders hat einen Gegensatz konstatiert zwischen der Auffassung der Psychologie als Wissenschaft und der Auffassung der Psychologie, die für die Volkswirtschaftslehre sozusagen gängig und praktikabel sei. Nun darf ich zunächst feststellen, daß ein solcher Gegensatz gar nicht existiert, wenn es auch richtig ist, daß die Psychologie primär nach dem einzelnen Menschen fragt, nach dem, was im Menschen vor sich geht — ich will den ganzen Katalog dieser Vorgänge hier nicht aufführen — und daß das Psychische sich immer nur im Dialog mit der Umwelt abspielt.

Psychologie, von mir aus definiert, ist die Lehre vom menschlichen Erleben seiner Umwelt und vom Verhalten des Menschen zur Umwelt. Ich glaube, darauf könnten wir uns einigen, hier besteht kein Gegensatz. Wenn aber die Psychologie den Anforderungen der Volkswirtschaftslehre wie ein Mädchen den Werbungen eines jungen Mannes gegenübersteht, muß es andere Gründe haben. Auf diese Gründe möchte ich eingehen.

2

Für die Psychologie bzw. ihre Anwendung stehen die psychologischen Probleme der Volkswirtschaftslehre in einem sehr weiten Rahmen. Dieser Rahmen umfaßt grundsätzlich alle Lebensbereiche. Denn überall dort, wo der Mensch mit im Spiel ist bzw. mit ins Spiel gezogen wird, als Akteur im Umfeld transpsychischen Seins und Geschehens beteiligt ist, auf objektive Gegebenheiten reagiert, sich innerlich dazu einstellt und sich praktisch zu ihnen verhält —, überall dort tauchen Fragen psychologischer Art auf, wird die Psychologie als Lehre vom menschlichen Erleben und Verhalten apostrophiert. Dies ist der Fall im Bereich der Erziehung, die sich an objektiven Normen sowie an den Leistungs- und Verhaltensanforderungen der jeweils gegebenen kulturellen Situation orientiert. Es ist der Fall im Rechtsleben, wo sich heute eine Tendenz von der Beurteilung der Tat zur Beurteilung des Täters geltend macht, es ist der Fall — um noch ein Beispiel zu nennen — in dem heute so wichtigen Bereich des Verkehrs und es ist, wie Herr Schmölders überzeugend nachgewiesen hat, der Fall im Wirtschaftsleben. In all den genannten Lebensbereichen ist der Mensch als Agierender und Reagierender mitbetroffen und mitbeteiligt, überall kommen psychologische Faktoren im Geschehen innerhalb objektiv vorgegebener Verhältnisse mit ins Spiel, überall tauchen Fragen des menschlichen Erlebens und Verhaltens auf. Und so gibt es heute eine pädagogische Psychologie, eine forensische Psychologie, eine Verkehrspsychologie.

Daß diese Teildisziplinen der angewandten Psychologie heute schon einen relativ großen Umfang an praktisch relevanten Erkenntnissen aufzuweisen und eine besondere Ausgestaltung gefunden haben, dürfte zusammenhängen mit der Dringlichkeit, mit der von seiten der Erziehung, des Verkehrs, der Rechtsprechung und des Strafvollzugs der Appell an die Psychologie bzw. die Psychologen herangebracht wurde. Nun hat Herr Schmölders von seiten der Volkswirtschaftslehre einen Appell von nicht geringerer Dringlichkeit an die Psychologie gerichtet. Um die damit an den Psychologen gestellten Anforderungen richtig beurteilen zu können, muß berücksichtigt werden, was für alle Teildisziplinen angewandter Psychologie gilt. Es ist die Tatsache, daß zur Klärung der in den verschiedenen Lebensbereichen auftauchenden Fragen psychologischer Art nicht nur die Beherrschung der wissenschaftlichen Erkenntnisse heutiger Psychologie gehört, sondern auch weitgehende Kenntnisse und Erfahrungen auf dem Anwendungsgebiet erforderlich sind. Konkret gesprochen: Verkehrspsychologe kann nur sein, wer selbst am Verkehr teilnimmt. Eine pädagogische Psychologie kann ohne die praktische Erfahrung als Erzieher in der Schule nicht gewonnen werden. Betriebspsychologen müssen erst die verschiedenen Stationen eines industriellen Betriebes kennengelernt haben, bevor sie sich mit arbeits- und betriebspsychologischen Fragen beschäftigen können. Als man 1925 in der alten Seecktschen Reichswehr daran ging, eine Militärpsychologie aufzubauen, wurde von den beteiligten Psychologen mit Recht gefordert, daß sie selbst während des 1. Weltkrieges gedient hatten. Ja man hat sich sogar überlegt, ob man nicht am besten zu Heerespsychologen ausschließlich nur psychologisch begabte aktive Offiziere machen solle, nachdem sie eine reguläre fachwissenschaftliche Ausbildung als Psychologen erhalten haben. Im Bereich der Erziehung wird das analoge Prinzip heute konsequent durchgeführt. Man plant die Einrichtung von Schulpsychologen und verlangt von den Bewerbern, daß sie ihre Lehramtsprüfungen abgelegt haben, über schulpraktische Erfahrungen verfügen und ein reguläres psychologisches Fachstudium aufweisen können.

Und so erfordert in entsprechender Weise auch der Einsatz der Psychologie im Bereich der Volkswirtschaft eine weitgehende Kenntnis der in diesem Bereich wesentlichen und gerade heute sehr komplexen und komplizierten Gegebenheiten, Vorgänge und Zusammenhänge — eine Kenntnis, die beim Psychologen als Vertreter seines Faches nicht von vorneherein vorausgesetzt

4*

werden kann, sondern in einem zusätzlichen Studium erworben werden muß, wenn seine Betätigung nicht in Dilletantismus abgleiten soll. Wenn Herr Schmölders z. B. darauf hinweist, daß eine Psychologie des Unternehmers noch aussteht, daß man noch im unklaren ist hinsichtlich der möglichen, über das rein Zweckrationale hinausgehenden Motive unternehmerischen Verhaltens, im unklaren ist auch in der Frage, ob es so etwas wie einen zum Unternehmer disponierten Menschentypus gibt, so müßte ich mir als Psychologe erst hinreichende Kenntnisse des mir bis jetzt fern gelegenen Bezugssystems verschaffen, innerhalb dessen der Unternehmer handelt.

Das sind einige Hinweise, die ich glaubte geben zu müssen, wenn festgestellt wird, die Psychologie habe sich den für sie einschlägigen Fragen des volkswirtschaftlichen Geschehens bis jetzt in nur geringem Maße zugewandt, was übrigens für die nordamerikanische Psychologie weniger gilt als etwa für die deutsche. Herr Schmölders hat ja schon den in Ann Arbor tätigen Psychologen Katona genannt, wobei daran zu erinnern ist, daß Katona einen Lehrstuhl für Volkswirtschaftslehre und Psychologie inne hat. Daß die Frage einer Klärung bedarf, wie sich die „ökonomischen Faktoren" im Erleben und Verhalten der menschlichen Subjekte spiegeln und wie weit sie in ihrer Wirksamkeit von subjektiv psychischen Faktoren abhängig sind, daß also die bisher als „Imponderabilien" behandelten bzw. außer acht gelassenen psychologischen Faktoren aus ihrer Anonymität und Ungeklärtheit herausgeholt werden müssen, das ist durchaus einleuchtend und steht außer Zweifel.

3

Nun hat Herr Schmölders darauf hingewiesen, daß jedenfalls bisher der Volkswirtschaftler mit den psychologischen Problemen, die ihm wichtig erscheinen, mehr Hilfe bei den Soziologen als bei den Psychologen gefunden hat. Es erscheint mir dies durchaus plausibel, wenn man sich das Verhältnis zwischen Soziologie und Psychologie, bzw. ihrer hier einschlägigen Disziplin der Sozialpsychologie gegenwärtig hält. Wenn es auch mehrere variierende Auffassungen vom Gegenstand der Soziologie gibt, so glaube ich, man wird immerhin sagen können, daß die Soziologie die Formen menschlichen Zusammenlebens als für sich bestehende objektive Gebilde transpsychischer Art auffaßt, primär nach ihren Ordnungen, ihren Formen und den Gesetzen ihres Entstehens, Bestehens und Wandels fragt, ferner nach den Gehalten der in ihnen etablierten Gültigkeiten, Normen, Organisationen und Institutionen. Da es nun immer Menschen sind, die im Horizont dieser objektiven transpsychischen Gegebenheiten leben, kommt die Soziologie schließlich auch auf die Frage, wie jene Gegebenheiten von den Individuen erlebt und gelebt werden. Mit dieser letzten Frage berührt die Soziologie den Bereich der Psychologie als der Lehre vom menschlichen Erleben und Verhalten. So ist es zu verstehen, daß etwa G. Simmel — als Soziologe ausgehend von den objektiven sozialen Konfigurationen — Sachverhalte aufzeigt, die eine wesentliche Bereicherung der Sozialpsychologie sind. Analoges ist etwa auch zu sagen von Homans und seiner „Theorie der sozialen Gruppe".

Was nun für die Soziologie Endstation der Betrachtung, letzte Fragestellung ist, das ist für die Sozialpsychologie Ausgangspunkt und zentrale Frage. Denn Träger des Psychischen — das hat Simmel in seiner Kritik an der Annahme einer Gruppenseele überzeugend nachgewiesen — Träger des Psychischen ist immer nur das Individuum. So fragt die Sozialpsychologie nach dem, was sich psychisch in den Formen und Normen des Zusammenlebens abspielt, wie die Gegebenheiten des sozialen Feldes gelebt und erlebt werden und den einzelnen in seinem Erleben und Verhalten je und je schon determinieren.

Es verhält sich also so, daß Soziologie und Sozialpsychologie in ihrer Fragestellung von verschiedenen Gegebenheiten ausgehen, in der Beantwortung ihrer Fragen aber konvergieren. Sie bewegen sich von entgegengesetzten Seiten auf einander zu. Der Soziologe kommt her von den gesellschaftlichen Gegebenheiten als objektiven, transpsychischen Realitäten, in deren Wirkfeld er notwendig auf den Menschen als psychische Realität stößt. Der Psychologe geht aus vom Menschen, von dem, was im Menschen vorgeht, was und wie er erlebt und wie er sich verhält, und kommt mit dieser Fragestellung notwendig auch auf die Determiniertheit menschlichen Erlebens und Verhaltens durch jene objektiven Gegebenheiten des sozialen Feldes, deren Eigenart, Entstehungsbedingungen, Geschehensformen und Entwicklungsgesetze den originären Gegenstand der Soziologie ausmachen.

Nun werden Sie fragen, was das angedeutete Verhältnis von Soziologie und Sozialpsychologie mit der Tatsache zu tun hat, auf die Herr Schmölders hinwies und von der ich ausgegangen bin, daß nämlich der Volkswirtschaftler mit seinen psychologischen Fragen bisher bei der Soziologie mehr Hilfe gefunden hat als bei der Psychologie. Mir scheint, daß die Erklärung in folgendem zu suchen ist. Auch die Volkswirtschaftslehre hat es — genauso wie die Soziologie — primär und originär nicht mit dem Menschen, sondern mit transpychischen Gegebenheiten zu tun, nämlich mit denen der Wirtschaft, und stößt erst sekundär auf die Frage, wie sich die „ökonomischen Faktoren" im Leben und Erleben der menschlichen Subjekte spiegeln und wie weit ihre Wirksamkeit von psychischen Faktoren abhängig ist. Außerdem ist die Wirtschaft ja selbst ein Phänomen gesellschaftlicher Organisation und gehört deshalb mit zum originären und unmittelbaren Gegenstandsbereich, mit dem es die Soziologie zu tun hat. Mit anderen Worten: die wirtschaftlichen Phänomene und Vorgänge sind für die Soziologie viel hautnäher als für

die Sozialpsychologie, für die die wirtschaftlichen Verhältnisse
und das Wirtschaftsgeschehen nur eine unter sehr vielen anderen Determinanten des menschlichen Lebens und Zusammenlebens darstellen.

Das wird klar, wenn man sich gegenwärtig hält, was alles an
sozialen Determinanten die Sozialpsychologie zu berücksichtigen hat. Die soziale Determiniertheit des Menschen beginnt für
die Sozialpsychologie schon in der frühen Kindheit. Nicht nur
der Gebrauch der Sprache, sondern auch das Hantieren mit Ge-
sten und bestimmte Weisen des Benehmens werden aus dem sozialen Milieu übernommen und bilden sich dem Individuum
ein. Der Einfluß des sozialen Feldes beschränkt sich aber keineswegs auf die Übernahme von Formen des äußeren Verhaltens, sondern erstreckt sich auch auf das Innenleben. Jedes soziale Kollektiv hat seine spezifische Mentalität. Sie besteht in
festgelegten Formen und Normen der Lebensführung, des
Denkens und Urteilens sowie der Auffassung von dem, was gut
und böse, recht und unrecht, schön und häßlich ist. Der einzelne
empfängt durch Erziehung und Gewohnheit die Formen seines
Denkens und die Gehalte seiner Wertung wesentlich vom sozialen Kollektiv, dem er angehört, ebenso wie gewisse Normen des
Verhaltens im Sinne gültiger Sitten und Gebräuche. Neben diesen traditionellen Prägungskräften des sozialen Feldes stehen
dann noch die ephemeren Determinanten der öffentlichen Meinung, der Mode und des Zeitgeschmacks als sozialpsychologisch
relevante Gegebenheiten. — Die soziale Determiniertheit des
einzelnen beschränkt sich aber nicht nur auf die genannten allgemein verbindlichen Gültigkeiten. Das soziale Feld, in dem
der Mensch lebt, hat ja immer auch eine spezifische Gliederung,
eine Struktur, innerhalb derer dem einzelnen eine bestimmte
Funktion zugewiesen wird, die wir als Rolle zu bezeichnen ge-
wöhnt sind. So fungiert das menschliche Einzelwesen als Gatte
oder Gattin in der Ehe, als Vater, Mutter, Kind in der Fami-

lie, als Erstgeborener oder Nachgeborener in der Geschwister-
reihe, als Vorgesetzter oder Untergebener im Betrieb, als Leh-
rer, Schüler und Schulkamerad in der Erziehungsgemeinschaft,
als Gleichgesinnter oder Gegner im politischen Leben, als Mit-
arbeiter oder als Rivale und Konkurrent im Geschäfts- und Be-
rufsleben und als Mann oder Frau, als Jugendlicher oder Er-
wachsener im Leben der allgemeinen Gesellschaft. In jedem Falle
wirkt die Rolle determinierend auf ihren Träger. Sie verlangt
von ihm bestimmte Handlungen, Haltungen und Gesinnungen.
— Soviel an Andeutungen, wie weit der einzelne determiniert
ist durch die objektiven Gegebenheiten des sozialen Feldes, in-
dem er lebt — eine Frage, die wie gesagt zur spezifischen The-
matik der Sozialpsychologie gehört. Worauf ich mit diesen Hinweisen aufmerksam machen wollte, ist nun folgendes: innerhalb
des sozialen Feldes, das die Sozialpsychologie als Determinante
menschlichen Erlebens und Verhaltens zu untersuchen hat, stellen die ökonomischen Faktoren einige unter sehr vielen anderen dar, während für die soziologische Betrachtung — denken
Sie etwa an Max Weber — die objektiven wirtschaftlichen Gegebenheiten von vorneherein ein viel größeres Gewicht, eine
viel stärkere Relevanz haben.

Das war gemeint, wenn ich gesagt habe, daß die wirtschaftlichen Phänomene und Vorgänge für die Soziologie hautnäher
sind als für die Sozialpsychologie und daß es daraus zu verstehen sei, wenn die Volkswirtschaftslehre mit ihren psychologischen Fragestellungen bei der Soziologie mehr Hilfe gefunden
hat als bei der Sozialpsychologie.

4

Damit soll nun der Appell, den Herr Schmölders an die Psychologie richtet, keineswegs zurückgewiesen, sondern lediglich
die bisherige Reserve der Psychologen verständlich gemacht

werden. Die Psychologie wird sich in diesem Appell aber stellen müssen. Praktisch wird es sich darum handeln, daß von seiten der Volkswirtschaftslehre ein Katalog von Fragen aufgestellt wird, woraus der Psychologie die schwierige Aufgabe erwächst, die methodischen Verfahren zu finden, die eine Klärung dieser Fragen garantieren; immer aber unter der Voraussetzung, daß der Psychologe auf dem Gebiet der Volkswirtschaft kein Laie ist. Wenn Herr Schmölders es als Fatalität gekennzeichnet hat, daß der Volkswirtschaftler auf eine „hausgemachte Psychologie" zurückgreift, solange ihm von der Fachpsychologie keine Hilfe wird, so wäre es nicht weniger fatal, wenn der Psychologe mit hausgemachten Vorstellungen über wirtschaftliche Verhältnisse und wirtschaftliches Geschehen an wirtschaftspsychologische Fragen heranginge. Einige Fragen solcher Art, wie etwa die Psychologie des Sparens, sind von Herrn Schmölders schon genannt worden. Andere werden sich vielleicht in der Diskussion ergeben.

Sicher ist auch eine Psychologie des Konsums erst zu erarbeiten. Am Phänomen des Konsums stellt sich für mich übrigens eine grundsätzliche Frage. Die Frage nämlich: wem zu Nutzen und Gedeihen soll die Psychologie im Bereich der Ökonomik angewandt werden? Soll es geschehen, um ökonomische Maßnahmen echten und berechtigten menschlichen Bedürfnissen anzupassen, oder geht es darum, für die aus objektiver Zwangsläufigkeit sich entwickelnden ökonomischen Arrangements die entsprechenden Bedürfnisse zu schaffen. Anders und etwas zugespitzt formuliert: soll die Wirtschaft dem Menschen angepaßt oder der Mensch zu Zwecken der Wirtschaft — um ein heute gängiges Schlagwort zu gebrauchen — manipuliert werden, wie es in der Psychologie der Werbung heute schon mit Erfolg praktiziert wird. Das ist nun allerdings schon ein Problem, das in einem weiteren, gar nicht wirtschaftlichen, nämlich anthropologischen Horizont steht und für das sich die

Volkswirtschaftslehre vielleicht als gar nicht mehr zuständig erklärt.

Prof. Dr. Albert Huth

1. Angewandte Psychologie ist die Lehre von den seelischen Vorgängen in den verschiedenen Kulturgebieten. Das Kulturgebiet der Wirtschaft ist von der Wirtschaftspsychologie zu untersuchen.

2. Die angewandte Psychologie betrachtet grundsätzlich sowohl die seelischen Erlebnisse des Einzelmenschen als auch die seelischen Erscheinungen innerhalb der sozialen Gebilde. Psychologie ist also nicht „vornehmlich eine Wissenschaft vom Verhalten des einzelnen Menschen" (Schmölders); vielmehr ist die sogenannte „Sozialpsychologie" ein integrierender Bestandteil der wissenschaftlichen Psychologie. Psychologie ist auch nicht nur Verhaltensforschung, sondern klärt auch die Beziehung der Menschen zu Normen und Werten.

3. Die Wirtschaftspsychologie hat die Verpflichtung, die psychologische Seite wirtschaftswissenschaftlicher Probleme zu bearbeiten (Werbe- und Verkaufs-Psychologie, Gruppen-Psychologie und Psychologie der Meinungsbildung genügen noch nicht!). Dabei ist entscheidend zu erforschen, wie in Einzelmenschen und in Menschengruppen Wertordnungen entstehen, die das wirtschaftliche Verhalten dieser Menschen oder Menschengruppen bestimmen. „Individuell motiviertes Verlangen" und „sozial normierte Vorstellungen" (Schmölders) lassen sich überhaupt nicht voneinander trennen. Daß die „Sparer" oder die „Unternehmer" bestimmte Menschentypen bilden würden, erscheint psychologisch höchst unwahrscheinlich.

Prof. Dr. Adolf Martin Däumling

Als Vertreter der Angewandten Psychologie zähle ich mich keineswegs zu jenen, „die mit steinernem Gesicht dasitzen", wenn die Volkswirtschaftler bestimmte Erwartungen und Anregungen an die Psychologen herantragen. Ich befürchte zunächst nur ein naheliegendes Mißverständnis: Wenn die „hausgemachte Psychologie", von der Herr Schmölders sprach, ersetzt werden sollte durch Erkenntnisse der wissenschaftlichen Psychologie, so kann dies nicht im Sinne einer „Anwendung" probater Methoden und abgerundeter Theorien geschehen. Vielmehr sollten neue Fragestellungen aus dem Gebiet der Volkswirtschaftslehre von verschiedenen psychologischen Aspekten her angegangen werden. Einen Gesichtspunkt, der mir bisher zu wenig beachtet worden zu sein scheint, möchte ich noch besonders hervorheben.

Gehen wir psychologisch vom Verhalten des einzelnen wie der Gruppe aus und fragen uns nach der Motivation dieses Verhaltens, dann stoßen wir neben bewußten Bedürfnissen und klaren Überlegungen häufig auf unbewußte Beweggründe. Auch das Streben nach Selbstbestätigung, nach sozialem Ansehen, nach Macht und Sicherheit ist weitgehend auf unbewußte Wurzeln zurückzuführen. Diese Determinanten des Verhaltens erforscht nun seit mehr als einem halben Jahrhundert die sogenannte *Tiefenpsychologie*. Sie hat auch im Bereich der Werbung und der Marktforschung bereits „Anwendung" gefunden; aber trotz mancher Erfolge ist hier Vorsicht geboten. Ich halte etwa die Verfahrensweise von Ernest Dichter nicht in jedem Falle für nachahmenswert, um Einfluß auf das Finanzgebaren potentieller Konsumenten zu gewinnen. Dennoch vermag die Tiefenpsychologie darzulegen, inwiefern der Umgang mit Geld schon mit frühkindlichen Erfahrungen zusammenhängt. Das Sparverhalten z. B. empfängt entscheidende Impulse in der Familie; es kommt meist sehr früh zu „Prägungsvorgängen" (K. Lorenz), die unbewußt verlaufen und möglicherweise gar nichts mit dem Sparschweinchen zu tun haben. Manche Imponderabilien, wie sie die Volkswirtschaftslehre annimmt, erscheinen in tiefenpsychologischer Sicht als regelhafte Konstellationen individueller wie kollektiver Erfahrungen. Ohne Berücksichtigung tiefenpsychologischer Einsichten würde daher die Erforschung der Verhaltensmotivation von Unternehmern und Konsumenten unzulänglich bleiben.

Am Beispiel des „Image", das Burleigh Gardner systematisch in die konsumpsychologische Forschung einführte, läßt sich wohl am besten demonstrieren, daß die Einstellungen zur Bank oder Sparkasse, zum Geldausgeben oder Sparen nicht nur rational begründet sind, sondern (neben soziologischen Gegebenheiten) mit bildhaften Eindrücken sowie mit biographisch bedingten Erwartungen und Befürchtungen zu tun haben. Die Interpretation solcher Images, die bald verschwommen, bald prägnant, aber auf jeden Fall weitgehend verhaltensbestimmend sind, bedarf des tiefenpsychologischen Aspektes, wenn man sich nicht mit bloßer Meinungsstatistik begnügen will.

Im Zusammenhang mit der Tiefenpsychologie, die den menschlichen Intimbereich zur Erhellung der Verhaltensmotivation heranzieht und daher auch leicht mißbraucht werden kann, möchte ich einen weiteren Gesichtspunkt anführen. Er beschränkt sich keineswegs auf die Beziehungen der Psychologie zur Volkswirtschaftslehre allein, sondern auf all die zahlreichen Spezialgebiete der Angewandten Psychologie, die Herr Lersch bereits erwähnte. Ich meine den *psychohygienischen Aspekt*, der von vornherein mit aller Forschung im Bereich des Spar- und Konsumverhaltens verbunden sein sollte. Es genügt m. E. nicht, das Verhalten von Individuen oder Gruppen zu untersuchen, um daraus Schlüsse zu ziehen, wie man die Menschen zu intensiverem Sparen oder zu häufigerem Einkauf bzw. ausgedehnterer Kreditaufnahme bringen kann. Vielmehr muß das Ziel weiter gesteckt werden, wie weit, dürfte von der Kulturanthropologie zu erfahren sein.

Im Kreis der Münchner Gespräche ist — soweit ich mich entsinne — schon öfter das Stichwort *„Konsumverzicht"* gefallen. Dahinter verbirgt sich ein besonders schwieriges motivationspsychologisches Problem, nämlich die Voraussetzungen zu klären, unter denen die Bevölkerung bereit ist zu freiwilligem Konsumverzicht, oder unter denen sie zu einem bestimmten, sinnvoll regelndem Verhalten im Wirtschaftsleben bewegt werden kann. Ich erinnere nur an die da und dort wieder aktuell werdenden „Angstkäufe", von den „steuerbegünstigten" Investitionen am Lago maggiore oder an der Costa brava ganz zu schweigen. Es ist eine Binsenwahrheit, daß der stetig steigende Lebensstandard allein die Menschen weder glücklicher noch gesünder macht. Wenn sich die Psychologie also in Vorgänge des Wirtschaftslebens einschalten soll, um wissenschaftlich zu fundieren, was sonst nur mit dem Gefühl und dem gesunden Menschenverstand anzugehen versucht wird, dann muß sie letztlich eine psychohygienische Zielsetzung verfolgen.

Darf ich daher noch einmal die Frage aufgreifen, die Herr Lersch am Schluß seines Beitrags stellte: Zu wessen Nutz' und Frommen sollen Volkswirtschaftslehre und Psychologie zusammenarbeiten? Ich würde hierauf anworten: Um die seelische Gesundheit des Menschen — in einem sehr weiten Sinne verstanden — zu gewährleisten! Die in den Ländern mit dem höchsten Lebensstandard so erschreckenden Ziffern der Neurosen, Selbstmorde, Verkehrsunfälle, Ehescheidungen, Gewaltverbrechen Jugendlicher usw. könnten als Symptome die Dringlichkeit der Indikation zu psychohygienischen Maßnahmen belegen. Es gilt nicht, die Motivation menschlichen Verhaltens möglichst gründlich zu erfassen, um dadurch den Banken noch günstigere Bilanzen zu verschaffen oder noch mehr Fernsehgeräte zu verkaufen, sondern um den heute seelisch so gefährdeten Menschen in einem einigermaßen verantwortbaren Wohlstand und innerem Gleichgewicht zu halten. Wird dieser übergreifende Gesichtspunkt berücksichtigt, dann glaube ich, werden sich bestimmt auch Psychologen finden, die gerne mit den Nationalökonomen zusammenarbeiten, weil sie ein gemeinsames Ziel vor Augen haben.

Prof. Dr. Rudolf Bergius

Ich scheue mich nicht zu demonstrieren, daß es in der Psychologie noch keine Einigkeit der Lehre in allen Punkten gibt. In gewissem Gegensatz zu Herrn Kollegen Däumling bin ich nämlich so altmodisch zu sagen, daß das Ziel unserer Wissenschaft — wie das Ziel aller Wissenschaften — die Erkenntnis ist. Eine gute psychologische Theorie wird sicherlich später etwas außerordentlich Praktisches sein. Nur, meine ich, braucht man nicht von vornherein die praktischen Folgen und den Dienst am Leben zu bedenken, wenn man unter ethischer Verantwortung wissenschaftlich arbeitet. Das Hauptziel der psychologischen Forschung ist die Theorie.

Das hat sicherlich bereits etwas mit der Frage zu tun, warum die Psychologen sich nicht genügend um die Probleme der Volkswirtschaftler gekümmert haben. Man kann vermuten, daß die Psychologen, die an der Theorie arbeiten, sich keinen großen Gewinn für ihr System davon versprechen, wenn sie auf die praktisch-psychologischen Fragen der Volkswirtschaftler eingehen. Das ist nun aber nicht so. Wenn gesagt wird, Psychologen seien gegenüber der Volkswirtschaft spröde, dann stimmt das u. U. so lange, wie man nicht den genauen Grad der Sprödigkeit angibt. In den Vereinigten Staaten z. B. sind einige Psychologen wenigstens nicht so spröde gewesen, daß sie überhaupt nicht die psychologisch interessanten Probleme im Zusammenhang mit volkswirtschaftlichen Fragen gesehen hätten. Herr Kollege Schmölders hat selbst den Psychologen und Volkswirtschaftler George Katona genannt. Er ist kein „typischer

Amerikaner", sondern hat seine wissenschaftlichen Studien in Deutschland begonnen — und zwar bei dem bedeutenden Psychologen Max Wertheimer — und ist nach 1933 in die USA ausgewandert. Von den Ideen, die er dort entwickelt hat, kehrt jetzt vieles nach Deutschland zurück.

Als Volkswirtschaftler überlegt sich Katona, auf welchem Gebiet des wirtschaftlichen Lebens die mit der Psychologie erfaßbaren Faktoren wirksam sein können. Herr Geheimrat Weber hat mit Recht darauf hingewiesen, daß sie beim Kartoffelkauf wahrscheinlich keine große Rolle spielen; Katona sagt, die psychologischen Probleme treten bei den Käufen auf, die er als „Käufe beliebiger Art" bezeichnet. Das sind Käufe von Dauergütern, wie ja Herr Kollege Schmölders dargelegt hat. Wann, unter welchen Umständen, in welchen — psychologisch zu beschreibenden — Situationen entscheiden sich die Leute zum Kauf von Dauergütern? Hier setzt die psychologische Forschung ein, in der bereits Wesentliches erkannt worden ist. Was Katona gefunden hat, ergänzt sehr gut die Forschungen von Herrn Schmölders und seinen Mitarbeitern.

George Katona hat auch nach dem Sparen gefragt; er geht dabei von der These aus, daß sparen und anschaffen sich nicht ausschließen, sondern ein und dasselbe seien. Das Anschaffen von Dauergütern entspringt der Sorge um den Wohlstand für das Alter, wie es etwa auch Herr Schmölders formuliert hat. Es ist also eine Art zu sparen. Man kann sicherlich vom volkswirtschaftlichen Standpunkt aus — hinsichtlich der Kapitalverhältnisse — anderer Meinung sein; es ist aber wohl richtig, daß das Anschaffen von Dauergütern etwas grundsätzlich Anderes ist als bloßes Verbrauchen.

Man könnte fragen, ob das Anschaffen von Dauergütern überhaupt einen großen Einfluß auf die Gesamtwirtschaft hat. Katona weist nach, daß es sich hierbei um Milliardenbeträge handelt. Allem Anschein nach ist es für die Volkswirtschaft von großem praktischen Interesse zu wissen, was die Fluktuation auf dem Markt der Autos, Waschmaschinen, Kühlschränke, beim Bau von Einfamilienhäusern usw. beeinflußt. Neben vielen anderen Faktoren betont Katona den einen, den Herr Schmölders nur am Rande genannt hat: Die Erwartung oder die Einstellung hinsichtlich der Zukunft. In der Untersuchung der Determination dieser Zukunftserwartungen trifft sich die volkswirtschaftlich interessante psychologische Forschung mit der Arbeit an der psychologischen Theorie. Ich habe versucht, Anfänge einer empirischen Psychologie des Zukunftserlebens auszubauen. Sicherlich sind diese Anfänge noch kümmerlich. Erkenntnisse wie die von Katona gefundenen kommen solchen Forschungen entgegen.

Beim Sparen, das sicherlich sehr viel mit dem Zukunftserleben zu tun hat, kommt man mit so einfachen Begriffen wie Optimismus und Pessimismus nicht aus. Es würde zu weit führen, hier von den vielfältigen Formen des Zukunftserlebens zu sprechen. Die Einschätzung der zukünftigen Entwicklung in der Wirtschaft durch den einzelnen Käufer oder Sparer ist sehr vielfältig determiniert. Nach den Feststellungen von Katona hängt die Beurteilung der zukünftigen Preisentwicklung z. B. nicht nur von objektiv feststellbaren Tendenzen in der Wirtschaft ab. Manchmal bildet sich in dieser Hinsicht eine Käufermeinung, die den offiziellen Wirtschaftsprognosen entgegengesetzt ist. So konnte Katona 1954 einen Konjunkturaufschwung feststellen, der wahrscheinlich durch die vertrauensvolle Beurteilung der zukünftigen Entwicklung und die damit zusammenhängende größere Neigung zum Kaufen mitbestimmt wurde. Die Experten hatten kurz davor eine Depression vorausgesagt, die aber nicht in dem Grade eingetreten war, wie man befürchtet hatte.

Voraussagen und Einstellungen hinsichtlich der *eigenen* Einkommensverhältnisse sind im allgemeinen viel unsicherer als

Meinungen hinsichtlich der *allgemeinen* wirtschaftlichen Entwicklung.

Auf einen weiteren Punkt bitte ich noch hinweisen zu dürfen. Als wesentlicher, vielleicht sogar einziger Beitrag der Psychologie zu Fragen der Volkswirtschaft wird gerne die tiefenpsychologisch orientierte Erforschung der Käufermotivationen angesehen. Katona macht deutlich, daß es sich hierbei nur um einen ganz bescheidenen Teil der psychologischen und der volkswirtschaftlichen Fragestellung handelt. Die tiefenpsychologisch orientierte Motivationsforschung bezieht sich auf die Käuferentscheidungen hinsichtlich einzelner Marken. Sie kennen die Rede von den „images" und die hektische Betriebsamkeit, mit der manche Firmen solche „images" für ihre Erzeugnisse — gemäß den angeblichen unbewußten Wünschen der Käufer — zu errichten versuchen. Die Käuferentscheidung für die oder jene einzelne Marke ist aber volkswirtschaftlich nur von sekundärem Interesse. Wichtiger sind die vorhin genannten Fluktuationen auf dem Markt der Dauerwaren. Da geht es nicht um einzelne Marken, da geht es eben auch nicht um die sogenannte Tiefenmotivation, sondern da geht es um die zum Teil sehr rationalen, zum Teil allerdings auch affektiven Determinanten der Motivation zu Käufen von Dauerwaren und zum Sparen.

Ich komme deshalb noch einmal kurz auf das Sparen und auf das Kaufen von Dauerwaren zurück. Katona stellt fest, daß für die Erklärung der Fluktuation auf diesem Gebiet drei Theorien bekannt seien:

Nach der einen Theorie sind das Sparen und Kaufen von Dauerwaren in erster Linie von der Höhe des Einkommens abhängig. Man kann diese Theorie als die volkswirtschaftliche bezeichnen. Nach der zweiten — vulgärpsychologischen — Theorie ist das Kaufen von Dauerwaren von den Bedürfnissen abhängig. Nach dieser Theorie wird also gekauft, wenn bei vielen Menschen Bedürfnisse nach Dauerwaren bestehen, dagegen hört die wirtschaftliche Aktivität dieser Art auf, wenn die Bedürfnisse befriedigt sind. Nach der dritten Theorie ist dagegen die zu untersuchende Kaufbereitschaft von vielen Faktoren abhängig: Vom Einkommen sowohl als auch von der sozialen Situation, vom Bedürfnis sowohl als auch von der Einstellung gegenüber der Zukunft, der allem Anschein nach eine besondere Bedeutung zukommt, und wohl auch noch von anderen Faktoren. Wenn man diese Komplexität sieht, dann sieht man auch, daß nicht irgendein einzelner Weg eines Zweiges der Psychologie, etwa der Tiefenpsychologie, allein gegangen werden kann. Man sieht vor allem, daß keine vereinfachte vulgärpsychologische Theorie dem Volkswirtschaftler helfen kann, und man erkennt, daß eine enge Berührung mit der sehr komplizierten allgemeinpsychologischen Theorie notwendig wird.

Es handelt sich bei der Messung der Kaufbereitschaft offenbar um Probleme der Einstellungsforschung. Neben theoretischen Fragen treten hier außerordentlich schwierige methodologische Probleme des Messens in den Vordergrund. Ich weiß, daß mit diesem Ausdruck „messen" im Zusammenhang mit psychologischen Fragen leicht Widerspruch entsteht, und gebrauche den Ausdruck auch nicht sehr gerne. Wenn er hier benutzt wird, soll das heißen, daß der Psychologe mehr will als bloß auf Imponderabilien hinweisen. Er will wirkliche Faktoren zeigen, mit denen operiert werden kann, und sein Ziel ist es, auch kausale Erklärungen zu finden.

Zusammenfassend darf ich sagen:

1. Die Psychologen sind gegenüber den Fragen der Volkswirtschaftler nicht ganz so spröde, wie man annehmen möchte; wenigstens in den Vereinigten Staaten gibt es bereits eine ertragreiche psychologische Forschung auf diesem Gebiet, die zur Zeit mehr und mehr auch in Deutschland bekannt wird.

2. Obgleich in Deutschland vorläufig die Tiefenmotivationsforschung der Markenkäufe im Vordergrund steht, werden vermutlich in Zukunft die eigentlichen volkswirtschaftlich-psychologischen Probleme auch gesehen und bearbeitet werden. Man wird infolgedessen die volkswirtschaftlich und psychologisch relevanten Probleme nicht allein mit Methoden und Lehrmeinungen der Tiefenpsychologie behandeln. Wir wissen, daß der psychische Anteil an den Determinanten der Fluktuationen im Wirtschaftsleben *nicht* (vereinfacht) *als alleinige* Wirkung der Bedürfnisse oder der kognitiven Beurteilung der Situation oder der triebbestimmten Wünsche u. dgl. aufgefaßt werden kann. Die Erforschung der psychischen Determinanten muß an einer weiterentwickelten, differenzierten psychologischen Theorie orientiert sein.

3. Das führt zum letzten Punkt. Es ist sicher richtig, daß der Psychologe sich vom Volkswirtschaftler sagen lassen muß, auf welchem Gebiet psychologisch interessante Fragen auftreten. Ich möchte aber der Meinung widersprechen, daß die Psychologen von den Volkswirtschaftlern direkte Fragen übernehmen könnten. Der psychologisch Forschende muß vielmehr seine Fragen so formulieren, daß sie in sein theoretisches Bezugssystem passen.

In der Sicht der Sozialwissenschaften

Prof. Dr. Adolf Weber

Mit meinem verehrten Kollegen Schmölders bin ich darin einig, daß wir Nationalökonomen heute mehr denn je mit beiden Füßen in der Wirklichkeit stehen müssen, um dem Leben dienen zu können. Keine Wissenschaft darf sich so wenig mit einem l'art pour l'art, mit einer Theorie der Theorie wegen begnügen wie die Volkswirtschaftslehre; denn wir bedürfen ihrer, um den Weg bahnen zu helfen zur Lösung von Problemen, von der das Sein oder Nichtsein der freien Welt abhängt. „Die Hauptaufgabe der Nationalökonomie besteht darin, die von der Wirtschaftspolitik zu treffenden Entscheidungen vorzubereiten" (W. A. Jöhr). Dabei müssen wir als Wissenschaftler unserer Wissenschaft treu bleiben, abseits aller Interessentenwünsche und -kämpfe der politischen Parteien.

Schmölders und ich gehen davon aus, daß die Volkswirtschaft nicht ein Nebeneinander von einzelwirtschaftlichen Tatsachen und Wünschen ist, sondern ein Ineinandergreifen von Einzelwirtschaften, die durch die Arbeitsteilung technisch miteinander verbunden und wirtschaftlich durch den unentbehrlichen Tausch aufeinander angewiesen sind mit dem Ziel, das Verhältnis der Menschen zur Güterwelt *nachhaltig* zu bessern. „Nachhaltig" muß das angestrebte Wachstum sein, weil nur durch die Nachhaltigkeit des volkswirtschaftlichen Erfolges Gewähr dafür geboten ist, daß zeitgemäße, wirtschafts- und sozialpolitische Forderungen eine sichere Grundlage erhalten.

Über all das besteht wohl zwischen Schmölders und mir keine Meinungsverschiedenheit. Nicht ganz sicher bin ich aber, wenn ich die zentrale Bedeutung der Marktpreisbildung für den anzustrebenden, volkswirtschaftlichen Erfolg mit Nachdruck hervorhebe. Es kann jedenfalls mißverstanden werden, wenn Schmölders meint, „die Sozialökonomie ist dabei, ... die Konsequenz zu ziehen, daß der Preis nur einer von zahlreichen Bestimmungsgründen des Kaufes ist, und daß wir, wollen wir den Kauf erklären, uns der Analyse psychologischer Tatbestände wie ‚Aufforderungscharakter‘ und ‚Bedürfnisintensität‘ zuwenden müssen..." So wichtig dies gewiß ist für die Werbepsychologie, so ändert dies doch nichts daran, daß das volkswirtschaftliche Primat die Marktpreisbildung ist und auf lange Sicht auch sein muß. Die ungeheure Mannigfaltigkeit der Grundstoffe, der Halbfabrikate, der Ganzfabrikate, der Konsumtions- und Produktionsmittel, der ununterbrochen in millionenfacher Variation sich vollziehende Güteraustausch, der unzählige Einzelwirtschaften in der ganzen Welt miteinander in Verbindung bringt, verlangt ein elastisches und automatisches Mittel, um das Ineinandergreifen der Einzelwirtschaften so reibungslos wie möglich zu bewerkstelligen. Die Erfahrung und die theoretische Überlegung stimmen darin überein, daß es nur ein Mittel gibt, das die erforderliche Elastizität und automatische Wirksamkeit verbürgt, und das ist der am Markt sich bildende Preis, und zwar der Preis nicht nur für die fertigen Güter, sondern auch für die Produktionselemente, nämlich menschliche Wirksamkeit (Arbeit), Materialien (Boden) und Mittel, um die Zeitspanne für die Produktionsumwege zu alimentieren (produktives Kapital).

Die so umrissene Problematik kann volkswirtschaftlich erfaßt werden, entweder vom Einzelmenschen oder vom Einzelbetrieb aus, oder aber von dem Ineinandergreifen der Einzelwirtschaften als Ganzem, das somit causa finalis und causa causans des volkswirtschaftlichen Geschehens ist.

Die Betrachtung vom Einzelbetrieb aus hat in jüngster Zeit starken Auftrieb erhalten durch den quantitativ und qualitativ gewaltigen Aufschwung der Betriebswirtschaftslehre. Der Begründer der Betriebswirtschaftslehre als Hochschulfach, Eugen Schmalenbach, sah im Verlauf seiner Bemühungen um die Entfaltung der Betriebswirtschaftslehre ein, daß die Klärung der Preisbildung im Rahmen der Einzelwirtschaft unmöglich ist. Er klagte darüber bei meinem Zusammenwirken mit ihm an der Kölner Hochschule; er meinte, daß auch die Grenznutzentheorie, die vom einzelnen Subjekt ausgehe, doch nur einen beschränkten Lehrwert habe, den richtigen Weg schlage doch wohl die klassische Nationalökonomie ein, doch bedürfe sie wesentlicher Ergänzungen durch die Einzelwirtschaftslehre. Er schlug mir vor, mit ihm zusammen ein Seminar über Preisbildung zu halten. Ich war damit freudig einverstanden, im Sommersemester 1914 sollte damit ein Anfang gemacht werden. Meine Übersiedlung an die Breslauer Universität vereitelte aber die Ausführung des Planes.

Die moderne Volkswirtschaftslehre, soweit sie sich auf den einzelnen Betrieb stützt, geht andere Wege. Man sucht die Isolierung der Einzelwirtschaft zu überwinden durch Konstruktion von Modellen, bei denen die fehlenden volkswirtschaftlichen Tatsachen durch mehr oder minder wirklichkeitsfremde Prämissen ersetzt werden. Dabei ergibt sich von selbst, daß unter Heranziehung der Mathematik ein wissenschaftliches Gebäude aufgerichtet wird, das äußerlich imponierend wirkt. Die Erfahrung hat aber gezeigt, daß für das Durchdenken der aktuellen, sozialökonomischen Probleme unserer Tage „zwecks Vorbereitung der von der Wirtschaftspolitik zu treffenden Entscheidungen" wenigstens bis jetzt jenes Verfahren wenig Bedeutung gehabt hat.

Es ist begreiflich, daß die Wissenschaften die Mathematik besonders gerne zur Krönung des Wissens heranziehen. Daß die

Mathematik auch in der Volkswirtschaftslehre zur Veranschaulichung und Klarlegung von deren Ergebnissen gute Dienste leisten kann, ist unbestreitbar. Aber grundlegende Bedeutung kann sie bei der Volkswirtschaftsslehre ebensowenig haben wie bei der Medizin. Anfang des 17. Jahrhunderts wurde an deutschen Universitäten der Versuch gemacht, die Medizin auf mathematischen Grundlagen aufzubauen. Der große Winckelmann, der nach dem Abiturientenexamen zunächst einige Semester Medizin studierte, berichtet darüber, hält indessen nicht zurück mit seinem harten Urteil über dieses im Grunde genommen sinnlose Verfahren. Anderthalb Jahrhunderte später erwähnt dies Justi in seiner berühmten Winckelmann-Biographie und fügt von sich aus hinzu: „Der Geist der mathematischen Wahrheiten und der Geist der Gelehrsamkeit sind widereinander und selten in einer Person vereinigt".

Da es die Volkswirtschaft mit Menschen in ihrer Eigenart als Produzenten und als Konsumenten zu tun hat, liegt es nahe, daß der Versuch, wissenschaftlich auszugehen nicht von dem Einzelbetrieb, sondern von dem Einzelmenschen, und damit die psychologische Untermauerung der Volkswirtschaftslehre besonderen Erfolg verspricht. Es ist begreiflich, daß die österreichische Grenznutzentheorie unter der Führung von so hervorragenden Gelehrten wie Carl Menger, Freiherr von Wieser, Böhm-Bawerk eine Zeitlang in der ganzen wissenschaftlichen Welt viele Bewunderer fand. Der Artikel „Grenznutzen" in der in den zwanziger Jahren erschienenen vierten Auflage des großen „Handwörterbuchs der Staatswissenschaften" beginnt mit der Versicherung: „Der Begriff des Grenznutzens hat sich als das fruchtbarste Erklärungsinstrument der modernen Theorie erwiesen". Aber schon nach verhältnismäßig kurzer Zeit ging dieser Nimbus verloren. Von Wieser und Böhm-Bawerk begannen schließlich selbst zu zweifeln; dies um so mehr, da beide

nicht nur Theoretiker, sondern auch erfolgreiche Praktiker waren. Böhm-Bawerk war vor 1914 wiederholt Finanzminister in
der österreichischen Monarchie, und von Wieser war der letzte
Handelsminister, der in Österreich einem Kaiser diente. Mit
von Wieser, den ich persönlich und wissenschaftlich so hoch
einschätze, wie kaum einen anderen Gelehrten, der mir begeg-
net ist, konnte ich bei der Vorbereitung der vierten Auflage
des „Handwörterbuches" mit großem Nutzen für mich zusammenarbeiten. Aber ich merkte, daß ihm, je länger je mehr, die
sozialökonomische Theorie von geringerem Interesse wurde;
er flüchtete in die Soziologie. Die Auswahl der Autoren für
einige grundlegend wichtige Artikel und die Oberaufsicht über
die Korrektur dieser Artikel überließ er mir, z. B. für die Artikel „Volkswirtschaftslehre" und „Kredit". Kennzeichnend ist
es auch, daß sich Böhm-Bawerks berühmter Aufsatz „Macht
oder ökonomisches Gesetz?" so gut wie gar nicht auf die Grenznutzentheorie stützt.

Als ich es gelegentlich Wieser gegenüber als einen schweren
Verlust für unsere Wissenschaft bezeichnete, daß er an der
Erörterung volkswirtschaftlicher Probleme keinen Anteil mehr
nehme, verwies er mich auf eine Äußerung von Leo N. Tolstoi
in dessen Buch „Krieg und Frieden", das er hoch einschätzte.
Sie hat folgenden Wortlaut: „Wenn man glaubt, daß das
menschliche Leben durch den Verstand regiert werden könne,
so wird damit die Möglichkeit des Lebens aufgehoben." Das
läuft hinaus auf einen Sieg der „Imponderabilien" über die
realen „Faktoren".

Wer wollte leugnen, daß das mitunter sehr törichte Verhalten
einzelner *jeweils* von großer Bedeutung für das volkswirtschaftliche Geschehen ist. Man denke an die große Rolle, die derzeit
der Prestige-Konsum in unserer Volkswirtschaft spielt. Die
Freude an dem dadurch gestiegenen geldwirtschaftlichen So-

zialprodukt wird indessen überschattet durch die bange Frage: „Können wir uns das leisten"? Und zwar nicht bloß auf Grund der Illusion einer allzu freigebigen Geldschöpfung, sondern auf Grund einer mühseligen Vermehrung und bestmöglichen Einordnung der Produktionselemente: Menschliche Wirksamkeiten, Naturgaben, Produktivkapital. Die *güter*wirtschaftlichen Kosten, die scharf zu unterscheiden sind von den geldwirtschaftlichen Kosten, sind auf die Dauer entscheidend für das Verhalten der einzelnen, insbesondere der Unternehmer — nicht umgekehrt.

Gewiß, die Stärke des Begehrens und des Wollens einzelner Menschen und ganzer Gruppen ist für das volkswirtschaftliche Soll und Haben nicht ohne Bedeutung. Aber entscheidend ist doch „die Bereitschaft und die Fähigkeit des Begehrenden, Opfer zu bringen" (Schmalenbach). Unbestreitbar ist indessen, daß sowohl beim Aufstellen einer Bedürfnisskala, wie auch bei den Bemühungen, am Markte sich Geltung zu verschaffen, die Menschen als Individuen — jeder ist anders — ihre Rolle spielen. An einem Viktualienmarkt können wir die verschiedensten Vorstellungen und Erwartungen der Handeltreibenden feststellen. Es gibt kaum ein Temperament oder eine menschliche Regung, die nicht an dem Markt durch eine Einzelerscheinung belegt werden kann. Es ist denkbar, daß man dies durch einen Fragebogen näher zu klären sucht, aber das Ergebnis kann nur das eine sein, was man auch schon vorher wußte, nämlich, daß die Menschen sehr eigenartige Individuen sind. Aber dennoch bildet sich an den Märkten für dieselbe Ware bei gegebener Quantität und Qualität ein einheitlicher Preis, weil schließlich die Menschen sich dem Rationalprinzip unterwerfen; sie wollen mit gegebenen Mitteln möglichst viel erreichen. Ein Prinzip, das überall — nicht bloß in der Wirtschaft — da zur Geltung kommt, wo der Mensch als homo sapiens in Erscheinung tritt. Wenn aber schon an dem täglichen Viktualienmarkt, wo es nur um Pfennige geht und nur Konsumenten ihren Bedarf decken, die wenig Marktkenntnis haben und darauf auch kein besonderes Gewicht legen, dem Individuellen zum Trotz das Rationalprinzip durchdringt, wie viel mehr muß das an den Märkten der Fall sein, wo große Unternehmer das Wort führen und wo es um die nackte Existenz zahlreicher Unternehmer und Arbeiter geht. Sie werden schließlich durch harte Tatsachen gezwungen, Empfindungen, Hoffnungen, Erwartungen unterzuordnen, folgend dem unausgesprochenen Gebot, mit gegebenen aber vereinten Kräften möglichst viel zu erreichen, ohne daß das Erreichte schon bald wieder preisgegeben werden muß. Und wenn der einzelne Unternehmer aus der Reihe tanzt, so wird ihn die kreditgebende Instanz schon daran erinnern, daß er sich ordnungsgemäß verhalten muß.

Eine fatale Folge der volkswirtschaftlichen Betrachtung, ausgehend von dem einzelnen Betrieb oder von dem einzelnen Menschen ist, daß kurzfristige Erfolge, wie sie sich bei einer Hochkonjunktur ziffernmäßig aufdrängen, überschätzt und die entscheidenden, langfristigen Folgen dieser Überschätzung vernachlässigt werden. Ich fürchte, daß darauf auch ein offenbares Fehlurteil beruht, das Schmölders in der zweiten These der uns vorliegenden Grundsätze so formuliert: „Je weiter wir uns von der Wirtschaft des Mangels in Richtung auf eine Wirtschaft des Überflusses hin bewegen, desto geringer wird relativ die Zahl der wirtschaftlich relevanten Entscheidungen, die sich allein mit den in Geld ausgedrückten Kosten- und Nutzenerwägungen hinreichend erklären lassen, desto mehr treten bei der Verhaltenserklärung also die ... Imponderabilien in den Vordergrund“. Selbst wenn wir derzeit wirklich einen wirtschaftlichen Überfluß hätten, wäre es methodisch bedenklich, ihn zur Grundlage für Zukunftserwartungen zu machen. In dem Oktoberheft (1961) der „Gewerkschaftlichen Monatshefte“

wird in einem Aufsatz von Otto Stammer mit Recht gefordert, man solle das Problem des „Gleichgewichts der sozialen Kräfte" nicht nur unter dem Aspekt der Wohlstandsgesellschaft im Zustand der wirtschaftlichen Hochkonjunktur erörtern. Es gebe manche durch die derzeitige Verteilung von Sozialprestige und gesellschaftlicher Macht in einer materiell saturierten Gesellschaft lediglich latent gewordene Gegensätze, die manifest werden könnten, sobald wir in wirtschaftliche Krisensituationen geraten.

Aber leben wir wirklich in einer „Wirtschaft des Überflusses"? Sind wir so weit entfernt von einer ernsten Wirtschaftskrise, wie das heute die große Mehrzahl der Nationalökonomen glaubt? Einer der sachkundigsten, mitten im Wirtschaftsleben stehenden Vertreter der Volkswirtschaftslehre, der Franzose Jacques Rueff, der französische Erhard, hat im Juli 1961 in der amerikanischen Zeitschrift „Fortune" einen Aufsatz veröffentlicht, mit dem alarmierenden Ergebnis, der Westen stehe vor einem Kreditkollaps; die große Gefahr bestehe, daß die Volkswirtschaft der freien Welt sich jeden Tag mehr und mehr einer Wiederholung der schweren Krise nähere, die die Welt nach der Überproduktion im Jahre 1929 mit den verheerenden sozialökonomischen und politischen Folgen durchmachen mußte. Unabhängig von ihm kam schon vor längerer Frist einer unserer besten Konjunkturtheoretiker, Albert Hahn (Paris und Frankfurt am Main), auf anderem Wege zu demselben Ergebnis. Ich selbst habe schon vor zweieinhalb Jahren in meiner Schrift „Wolken am Konjunkturhimmel" auf die drohenden Gefahren aufmerksam gemacht, mit der Erwägung, daß der Verschlimmerung einer Krankheit vorbeugen auch und gerade im Wirtschaftsleben leichter ist als die Krankheit nach dem vollen Ausbruch heilen. Fügen wir noch eine ernste Warnung hinzu, die im November 1960 der bayerische Ministerpräsident, Hans Ehard, bei einer Feier der Bayer. Hypotheken- und Wechselbank aussprach: „Man muß nüchtern damit rechnen, daß schon eine spürbare Verlangsamung der wirtschaftlichen Entwicklung, die geringfügige Einschränkungen oder gar Verzicht von einem Großteil der an den Konsum gewöhnten und vom Konsum verwöhnten Bevölkerung verlangt, unsere junge und noch wenig widerstandsfähige Demokratie vor eine ernste Bewährungsprobe stellen wird. Wird dann die Unzufriedenheit wieder den Radikalismus und der Radikalismus die Katastrophe zeugen?"

Selbstverständlich hat die derzeit heranziehende Depression einen ganz anderen Charakter, und sie wird einen anderen Verlauf nehmen als die Krise am Anfang der dreißiger Jahre. Insbesondere fällt die starke, kurzfristige Verschuldung dem Ausland gegenüber weg. Dafür sind andere, bedenkliche Schattenseiten zu registrieren. Die „Unruhe des Warum-Fragens" kann nur befriedigt werden durch eine kausale Erklärung, die von dem Ganzen ausgeht, dabei spielen güterwirtschaftliche Faktoren, nicht die Geldeinkommen, die Hauptrolle. Psychologische Imponderabilien müssen dabei gewiß beachtet werden, aber sie sind von untergeordneter Bedeutung.

Wenn ich richtig sehe, sind für die sich jetzt anbahnenden Schwierigkeiten fünf Hauptursachen von entscheidender Bedeutung:

1. Überschätzung des Ausgabeeffektes und Unterschätzung des Spareffektes,

2. Verkennung der Bedeutung der Bildung des volkswirtschaftlichen Produktivkapitals und Ersatz der so fehlenden Mittel am Kapitalmarkt durch Geldmarktmittel,

3. Verkennung der Grenzen der wirtschaftlichen Macht,

4. Verwechslung von Technisierung und Rationalisierung,

5. Auswirken der Spielsucht in einem großen Teil unseres Volkes.

Die Ermittlung und kritische Würdigung dieser Krankheits-
erscheinungen bleibt einer Volkswirtschaftslehre versagt, die,
wie Herr Schmölders sich ausdrückt, „die Blutauffrischung
durch die Psychologie" erwartet, weil schließlich für die volkswirtschaftlichen Erfolge nicht das subjektive Verhalten, sondern
objektive Tatsachen entscheidend sind.

Diejenigen, die ihr volkswirtschaftliches Gedankengebäude auf
individualwirtschaftliche Vorgänge und Vorstellungen aufbauen, geraten leicht in wissenschaftliche Verwirrung, wenn sie
dieselbe Vokabel für individualwirtschaftliche und für ganz anders geartete, volkswirtschaftliche Begriffe verwenden.

Ein sehr bemerkenswertes Beispiel ist der Sparbegriff.

Meist denken die Theoretiker und die Praktiker, wenn sie
vom „Sparen" sprechen, heutzutage nur an das individuelle
Sparen der Konsumenten. Mit Recht sagt Schmölders von diesem Sparen: „Es gehört zu den diffizilsten Objekten unserer
Forschung". Das gilt insbesondere für die Umstände, die dieses
Sparen begleiten. Äußerlich wird es natürlich beeinträchtigt
durch die mit der Inflation gemachten Erfahrungen, aber auch
durch die enorm gesteigerten sozialen Leistungen der Bundesrepublik. Stärkere Bedeutung hat ferner das Kontraktsparen
(Bausparkassen, Versicherungen) erhalten. Selbstverständlich ist
auch das „Strumpfsparen" ein Sparen der Konsumenten, aber
keineswegs ein Sparen im Dienste der volkswirtschaftlichen
Produktion, darauf kommt es aber doch an. Das Sparen der
Konsumenten ist heute überwiegend eine Verschiebung der
Nachfrage nach kurzfristigen zugunsten des Erwerbs von langfristigen Konsumgütern zwecks Hebung des „sozialen Prestiges".
Hier haben wir unzweifelhaft ein für die Sozialpsychologie
wichtiges Problem vor uns. Dieses Sozialprestige macht sich so
nachdrücklich geltend, daß das Kaufen auf Pump, was schließlich auf ein Entsparen hinausläuft, nachgerade einen beunruhi-
genden Umfang angenommen hat. Ein süddeutscher Arbeitneh-

merverband hat jüngst festgestellt, daß 26 % der Jugendlichen
zwischen 16 und 21 Jahren sich durch Ratenzahlungen Radios,
Mopeds, Motorräder anschaffen, für die sie dann eine mehr
oder minder lange Zeit ratenweise bezahlen müssen.

Vom Sparen im volkswirtschaftlichen Sinne können wir nur
sprechen, wenn ein möglichst großer Teil des gemeinsamen Ar-
beitsproduktes, insbesonders ein möglichst großer Teil des privatwirtschaftlichen Ertrages, nicht dem Konsum zugeführt wird,
sondern in den Dienst langfristiger Produktionsumwege gestellt wird. Dabei ist die „Alimentierung" dieser Umwege sehr
wohl zu unterscheiden von der bloßen, geldwirtschaftlichen
„Finanzierung", die einer Inflation Vorschub leistet. Vor dem
ersten Weltkrieg hatten wir die Faustregel, daß 4/5 des volkswirtschaftlichen Sparens Ergebnis des Produzentensparens sind,
und nur 1/5 entfiel auf das Konsumentensparen. Aus dem Gesagten ergibt sich, daß mittlerweile das Verhältnis noch ungün-
stiger geworden ist für das Konsumentensparen. Diese sozial-
ökonomisch äußerst wichtige Tatsache stellt bei dem Durchdenken der volkswirtschaftlichen Zusammenhänge die Vertreter
einer Volkswirtschaftslehre, die von dem einzelnen Betrieb oder
dem einzelnen Menschen ausgeht, vor eine kaum lösbare Aufgabe.

Die hier angedeutete Begriffsverwirrung wird verstärkt
durch die Verwechslung des privatwirtschaftlichen Begriffs
„Vermögen" mit dem volkswirtschaftlichen Begriff „Produktivkapital". Der Bundesgerichtshof hat gelegentlich festgestellt,
das Vermögen ist „die Summe aller geldwerten Güter nach Ab-
zug der Verbindlichkeiten". In diesem Sinne ist ein Fernseh-
apparat „Vermögen", aber keineswegs „Produktivkapital".

Noch tiefer führt in die sozialökonomische Erkenntnistheorie
die leichtfertige Verwendung des Wortes „Geld" in der volkswirtschaftlichen Diskussion. Geld ist privatwirtschaftlich nervus
rerum, soziologisch „geronnene Macht", aber volkswirtschaft-

lich als allgemeines Tauschmittel nur ein bescheidener Diener am Markte, oder — ein gefährlicher Störenfried. Nur einzelwirtschaftliche Tauschverhältnisse können mit diesem Geld ziffernmäßig ermittelt werden, nicht hingegen das volkswirtschaftliche Vermögen in seiner Gesamtheit, weil eben die Volkswirtschaft nicht die Summe der Einzelwirtschaften ist, sondern das Ineinandergreifen dieser Einzelwirtschaften. Das *richtige* Ineinandergreifen insbesondere der volkswirtschaftlichen elementaren Kräfte läßt sich in Geldziffern nicht ausdrücken, und deshalb sind auch die so oft herangezogenen Ziffern, die die Größe des Sozialproduktes darstellen sollen, mit einiger Vorsicht zu gebrauchen. Das alles sind Gefahren, die beachtet werden müssen, wenn man eine Verhaltensforschung zur Grundlage volkswirtschaftlicher Erkenntnisse machen will.

Aber es kann nicht geleugnet werden, daß diese Forschung wertvolle *Ergänzungen* bieten kann für die sozialökonomische Forschung. Wir dürfen nie vergessen, daß es sich bei allen volkswirtschaftlichen Kausalzusammenhängen, von rein technischen Verknüpfungen abgesehen, immer handelt um Entscheidungen von Menschen über Menschen; in unserer Wirtschaftsordnung von freien Menschen, die nicht bloß Mittel zum Zweck sind oder sein dürfen, sondern deren Wohlergehen letztes Ziel aller volkswirtschaftlichen Bemühungen ist.

In diesem Sinne war eine mustergültige Verbindung von Psychologie und Volkswirtschaftslehre die berühmte, von Max Weber angeregte und unter seiner Leitung durchgeführte Untersuchung über das Arbeitszeitproblem. Unter den neueren Publikationen verdient hervorgehoben zu werden das große Werk von W. A. Jöhr über Konjunkturschwankungen. Ein umfangreiches Kapitel widmet Jöhr den psychologischen Eigentümlichkeiten der Wirtschaftssubjekte, soweit sie für den Konjunkturverlauf wichtig sind. Eine Fülle sehr kluger und feiner Gedanken wird entwickelt, aber im Grunde genommen handelt es sich dabei um Überlegungen, die für die Kalkulation der Einzelwirtschaften größere Bedeutung haben als für die Lehre vom nachhaltigen, volkswirtschaftlichen Erfolg. Volkswirtschaftlich bleibt eigentlich nur als Ergebnis, daß sich die Wirtschaftssubjekte von Erwartungen leiten lassen, ohne aber irgendeine Gewißheit zu haben, daß diese Erwartungen in Erfüllung gehen. „Zahlreiche Versuche wurden besprochen", schreibt Jöhr, „welche diese Ungewißheit so interpretieren oder transformieren wollen, daß das Subjekt in der Lage wäre, eine eindeutige Entscheidung abzuleiten. Diese Versuche vermochten aber nicht zu befriedigen, und noch weniger konnte angenommen werden, daß die Wirtschaftssubjekte tatsächlich sich gemäß einer dieser Theorien verhalten, was diesen allein eine konjunkturtheoretische Bedeutung verleihen könnte." Wir können mithin von dieser psychologisch bedingten Forschung keine praktischen Ergebnisse für die Vorbereitung der wirtschaftspolitischen Gesetzgebung erwarten; aber gerade das bezeichnet Jöhr als die eigentliche Aufgabe der Volkswirtschaftslehre. Es ist nicht uninteressant, daß Jöhr das Buch seiner Frau widmet mit der Begründung, daß sie ihn auf die Bedeutung der Psychologie für die Wirtschaft aufmerksam gemacht habe. Für die Frau, die inmitten der Konsumwirtschaft steht, drängt sich diese Erkenntnis in der Tat ständig auf. Die Werbewirtschaft zieht daraus praktische Folgerungen. Aber die Konsumwirtschaft des Familienhaushalts steht am Ende und nicht am Anfang der Volkswirtschaft.

Für die Vertreter der Volkswirtschaftslehre ist es, wie für jede Wissenschaft, von grundlegender Wichtigkeit, daß das Erkenntnisobjekt der Wissenschaft klar herausgearbeitet wird. Karl Knies, der Hauptvertreter der älteren historischen Nationalökonomie, hat das mit allem Nachdruck betont, er erklärte, die Volkswirtschaftslehre sei die Lehre vom *wirtschaftlichen* Gemeinschaftsleben, also einem der Tätigkeitskreise und Interessenbereiche, die das ganze Leben des Menschen ausmachen. Schmoller, der Vertreter der jüngeren historischen Schule, hat diese wichtige Einsicht außer acht gelassen, er wollte die Volkswirtschaftslehre als „einen Teil des gesamten Volkslebens begreifen" und zu diesem Zweck *die* Motive der wirtschaftenden Menschen wissenschaftlich erfassen. Es war eines der Verdienste von Gustav Schmoller, daß er in diesem Sinne bemüht war, eine *Volks*wirtschaftslehre zu schaffen, aber er versagte, weil er das eigentliche Erkenntnisobjekt, die Volks*wirtschafts*lehre vernachlässigte. Er und seine Schüler waren infolgedessen nicht in der Lage, die große Inflation und deren verheerende Wirkungen am Anfang der zwanziger Jahre rechtzeitig in ihren fatalen Wirkungen zu erkennen und sie auf ihre Ursachen zurückzuführen.

Ich komme zum Schluß: Die volkswirtschaftlichen Kosten*faktoren* und deren bestmögliche Kombination sind der Tendenz nach entscheidend für den nachhaltigen volkswirtschaftlichen Erfolg; diesen Faktoren haben sich die Imponderabilien auf längere Sicht unterzuordnen, notfalls werden sie dazu durch Depressionen und Krisen gezwungen.

Prof. Dr. Horst Jecht

Herr Geheimrat Weber hat bereits darauf hingewiesen, daß das Problem, das wir heute diskutieren, keineswegs neu ist; es ist im Grunde das gleiche wie in der Kontroverse Ricardo-Malthus und dann Menger-Schmoller. In allen diesen Auseinandersetzungen handelt es sich um das Nebeneinander zweier Forschungsweisen, und es kommt darauf an, welche Konsequenzen aus diesem Nebeneinander zu ziehen sind. Vielleicht darf ich in einer gewissen Ergänzung zu Herrn Kollegen Schmölders, der zu dieser Problematik nicht Stellung genommen hat, sagen, ich habe den Eindruck, daß da kein wirklicher Gegensatz vorhanden ist. Es ist nun eben eine Tatsache, daß im Ökonomischen

6 Volkswirtschaftslehre und Psychologie

das Rationale eine stärkere Rolle spielt als in anderen Bereichen des menschlichen Lebens; und es ist kein Zufall, daß sich gerade in der Ökonomie und bisher nur in der Ökonomie eine umfassende rationale Theorie entwickelt hat, während z. B. die politische Wissenschaft sich heute noch mit dieser Aufgabe beschäftigt. Es hängt offenbar mit dem Wesen des Gegenstandes zusammen, daß eine solche rationale Theorie in der Ökonomie ausgebaut werden konnte und ausgebaut worden ist.

Woran mir liegt, ist der Hinweis darauf, daß wir diese rationale Theorie bitter notwendig brauchen und daß die Verhaltensforschung diese Theorie nicht etwa verdrängen, sondern ergänzen sollte. Herr Kollege Schmölders hat in seinen Ausführungen das „Gesetz" der Reizschwelle und das Weber-Fechnersche „Grundgesetz" erwähnt. Es war jedoch der fundamentale Irrtum der Grenznutzenlehre, daß sie glaubte, ihre Theoreme aus der Psychologie ableiten zu können. Max Weber hat in unwiderlegbarer Weise gezeigt, daß die Grenznutzenlehre, soweit sie eine sinnvolle Theorie darstellt, nichts anderes ist als die Aufstellung bestimmter idealtypischer Abläufe — um diesen alten Max Weberschen Ausdruck zu gebrauchen.

Mir scheint also wichtig, als Ergebnis der heutigen Diskussion festzuhalten, daß das, was von Herrn Kollegen Schmölders so eindrucksvoll vorgetragen worden ist, eine sehr wichtige und notwendige Ergänzung der rationalen Theorie darstellt. Aber die rationale Theorie bleibt weiter fundamental wichtig, auch und gerade dann, wenn man Prognosen über künftige Entwicklungen aufzustellen beabsichtigt, was freilich immer nur im Sinne einer hypothetischen Aussage möglich ist.

Ich möchte zweitens etwas zu dem Problem des Sparens sagen, das von den bisherigen Diskussionsrednern übereinstimmend aufgegriffen wurde. Ich glaube nicht, daß die Keynessche Konsumfunktion ganz hinfällig wird. Im allgemeinen ist — das zeigen die Statistiken — eine solche funktionelle Abhängigkeit des Sparens von der Einkommenshöhe vorhanden und unbestreitbar. Und zwar auch im Bereich der Arbeiterhaushalte; es läßt sich nachweisen, daß in der Einkommenspyramide die Arbeiter mit höherem Einkommen — im Durchschnitt natürlich, darauf kommt es an — eine größere Sparquote aufweisen als die mit kleinerem Einkommen. Natürlich müßten diese Feststellungen — da stimme ich Ihnen, Herr Kollege Schmölders, völlig zu — durch eine Verhaltensforschung ergänzt werden, die insbesondere die sozialen Kategorien stärker berücksichtigt. Sie haben in Ihren Ausführungen auf die Unterschiede zwischen Arbeitern, Angestellten und Beamten abgestellt. Das ist sicher ungeheuer wichtig.

Vielleicht darf ich in diesem Zusammenhang auf eine Tatsache hinweisen, die insbesondere durch die Forschungen von Duesenberry herausgestellt worden ist. Es ist zweierlei zu unterscheiden. Einerseits die funktionelle Abhängigkeit der Sparquote von der Einkommenshöhe in einem bestimmten Zeitpunkt; diese steht unter allen Umständen fest. Etwas anderes ist es, wie sich die Dinge im zeitlichen Ablauf entwickeln. Hier müssen wir die merkwürdige Feststellung machen, daß trotz der beträchtlichen Erhöhung des Lebensstandards der Arbeitnehmerkreise die Sparquote nicht entsprechend gestiegen ist. Das ist eine sehr interessante und natürlich auch — im Sinne von Herrn Geheimrat Weber — volkswirtschaftlich außerordentlich bedeutsame Tatsache. Mag man diese Entwicklung nun auf Nachahmung — „Imitation" spielt in der Soziologie als menschliche Triebkraft von jeher eine große Rolle —, oder mit Duesenberry auf den Versuch der Angleichung an höhere soziale Schichten, mag man sie auf den Effekt der Werbung zurückführen: in jedem Falle bleibt sie ein Faktum, das in der Tat mit der Keynesschen Konsumfunktion nicht ohne weiteres auf einen Nenner zu bringen ist. Leider kann ich dieser interessanten Frage bei der Knappheit der Zeit nicht weiter nachgehen. Das

Problem ist so vielseitig, daß man darüber stundenlang diskutieren könnte.

Vielleicht darf ich jedoch noch kurz einiges sagen zu der im
Mittelpunkt der Diskussion stehenden Zusammenarbeit zwischen Nationalökonomie und Psychologie, die wohl in unseren
Reihen einheitlich bejaht wird. Ich glaube — und gerade die
Ausführungen von Herrn Lersch haben mich darin bekräftigt —,
daß heute die Situation für eine solche Zusammenarbeit sehr
viel günstiger ist als noch vor 30 oder 50 Jahren. Mit der
alten Assoziationspsychologie konnte man in dieser Hinsicht
nichts anfangen. Aber seit Dilthey und Wertheimer, seit der Er-
neuerung der Psychologie — wenn ich mir als Außenseiter diese
Bemerkung gestatten darf — sind die Bedingungen sehr viel
günstiger geworden. Herr Lersch hat ja sehr anschaulich dargelegt, daß es sich in der Psychologie eigentlich immer um die
Auseinandersetzung des Menschen als Dominante des Geschehens mit den Determinanten der einzelnen Sachgebiete handelt.
Das hat mich außerordentlich beeindruckt, wie übrigens auch
das, was er weiter über das Verhältnis von Soziologie und
Sozialpsychologie gesagt hat.

Ich möchte also meinen, daß die Voraussetzungen auf Grund
dieser besonderen Einstellung der neueren Psychologie für die
Kooperation mit der Nationalökonomie außerordentlich gün-
stig sind. Ich würde auch wie Herr Dr. Bergius sagen, daß dabei die Tiefenpsychologie nicht die entscheidende Rolle spielt.
Gewiß, sie mag in dem einen oder anderen Fall ihren Beitrag
liefern, aber im großen und ganzen handelt es sich doch um
das Zusammenspiel zwischen dem Menschen einerseits und dem
Sachgebiet andererseits. Die Schwierigkeit liegt ganz einfach
darin, daß der Psychologe im allgemeinen nicht das Sachwissen
besitzt über das Gebiet der Ökonomie, und der Nationalökonom nicht die fundamentalen psychologischen Grundkennt-
nisse. Ich glaube deshalb, daß die Arbeit von beiden Diszipli-

nen in Angriff genommen werden muß. Es ist wie bei einem Tunnel: Man muß den Berg von beiden Seiten anbohren. Die eine Disziplin bringt wichtige Voraussetzungen in dieser, die andere in jener Hinsicht mit. Wir Ökonomen sollten also nicht alles der Psychologie zuschieben. Übrigens haben wir vorhin gehört, daß unsere „Psychologie für den Hausgebrauch" von den Vertretern der Psychologie gar nicht einmal so respektlos angesehen wird.

Nur noch eine ganz kurze Schlußbemerkung! Herr Lersch hat gesagt, die Sozialpsychologie, um die es sich hier in erster Linie handelt, habe es mit sehr vielen anderen Dingen zu tun und sie sei deshalb bisher nicht dazu gekommen, sich mit Fragen des Wirtschaftslebens zu beschäftigen. Zugegeben, sie hat es mit anderem zu tun. Aber ich darf doch einen Gesichtspunkt in die Debatte werfen, der in dem Werk von Max Scheler eine wichtige Rolle spielt: die Tatsache nämlich, daß — man mag es beklagen — für die Entscheidung des modernen Menschen die ökonomische Komponente ungeheuer viel wichtiger geworden ist als für den früheren Menschen. Selbstverständlich bedeutet das keine Verabsolutierung im Sinne irgendeiner Geschichtstheorie. Vielleicht sollte es aber für die psychologischen Kollegen ein Anlaß sein, im Rahmen der sozialpsychologischen Forschung diesen Dingen stärkere Aufmerksamkeit zuzuwenden, wie auf der anderen Seite Herr Schmölders sicherlich recht hat, daß die Nationalökonomie diese wichtigen Ergänzungen — eine Investitionstheorie z. B. ist ja gar nicht möglich ohne Berücksichtigung des Unternehmerverhaltens — zweifellos bisher stark vernachlässigt hat.

Prof. Dr. Rudolf Gunzert

Professor Schmölders geht in seinem Referat davon aus, daß Psychologie, Soziologie und Sozialpsychologie die Zweige einer

allgemeinen Wissenschaft vom menschlichen Verhalten seien, die
die Volkswirtschaftslehre zur Blutauffrischung derzeit am nötigsten brauche. Er fordert deshalb schon lange die Einbezie-
hung der Psychologie und der sozial-ökonomischen Verhaltensforschung. Nach seiner Ansicht muß der rationale Aufbau der
Volkswirtschaftslehre durch das Studium irrationaler Vorgänge
ergänzt werden. Schmölders ist ferner der Ansicht, daß gerade
in einer Wohlstandsgesellschaft das Studium irrationaler Verhaltensweisen viel bedeutsamer sei als in früheren Jahrzehnten;
damals habe es gewissermaßen eine „Mangelgesellschaft" gegeben.

Man kann Herrn Schmölders ohne weiteres zustimmen, daß
die Soziologie, die Verhaltensforschung wie auch die Sozialpsychologie den Wirtschaftswissenschaften wertvolle Dienste leisten könnten. Eine ganz andere Frage aber ist es, ob auch die
Volkswirtschaftslehre eine Bereicherung ihrer Kenntnisse erwarten darf. Als Volkswirtschaftslehre soll hier im Sinne von
Adolf Weber die Wissenschaft von dem Ineinandergreifen der
durch Tausch verbundenen und durch gegenseitige Abhängigkeit aufeinander angewiesenen Einzelwirtschaften verstanden
werden. Volkswirtschaftslehre in diesem Sinne bemüht sich um
die kausale Erklärung ökonomischer Prozesse usw. auf lange
Sicht. Die Verhaltensforschung in Verbindung mit der Psychologie mag mancherlei Gegenwartsprobleme erklären helfen.
Durch meine Tätigkeit an dem Frankfurter Institut für Sozial-
forschung ist eine vielfältige Verwendung der Ergebnisse der
Verhaltensforschung für mich eine Selbstverständlichkeit. Ihre
Nützlichkeit für bestimmte Probleme ist unbestreitbar. Nützt
sie aber auch einer Volkswirtschaftslehre, die Erklärungen auf
lange Sicht sucht? Herr Schmölders glaubt, daß sich die Volkswirtschaftslehre in einem quasi vorwissenschaftlichen Stadium
befindet. Aus den Ausführungen des Referenten — nicht zuletzt im Hinblick auf seine Bemerkungen zum Sparen — muß

man annehmen, daß er sich — zumindest teilweise — mit den Auffassungen von Gustav Schmoller identifiziert, der seinerzeit glaubte, eine Volkswirtschaftslehre ließe sich aus der Erkenntnis der Motive der am Wirtschaftsleben beteiligten Menschen aufbauen. Besonders deutlich wird dies bei dem über das Sparen Gesagten. Herr Schmölders meint, daß Geld, das für dauerhafte Konsumgüter, also die Fernsehtruhe oder den Kühlschrank, ausgegeben werde, in Wirklichkeit seiner psychischen und sozialen Funktion nach ein Teil der Ersparnisbildung wäre. Daraus folgert er, daß nicht etwa nur Geld oder Wertpapiere als Vermögen, sondern auch dauerhafte Gebrauchsgüter als „Konsum-Vermögen" bezeichnet werden könnten. Herr Schmölders hat bestimmt recht, wenn er unterstellt, daß dem Sparen von Geldvermögen — er selbst bezeichnet das als Sparen im engeren Sinne — und der Bildung von Konsumvermögen die gleiche Motivation zugrunde liegen kann. Hat aber eine solche Feststellung für die Volkswirtschaftslehre eine wesentliche Bedeutung? M. E. ist dies nicht der Fall. Vermögen bzw. Vermögensbildung sind Begriffe der Privatwirtschaft. Der Volkswirtschaftslehre kommt es auf etwas ganz anderes an, nämlich auf Kapital und Kapitalbildung. Dann gibt es tatsächlich nur zwei Möglichkeiten: Verbrauchen oder sparen, wobei sparen nichts anderes bedeutet als daß nicht verbrauchte Teile des Einkommens der Volkswirtschaft zur Verbesserung ihrer Kapitalausstattung zur Verfügung gestellt werden. Wer Fernsehgeräte oder Möbel kauft, mag zwar unter Umständen — privatwirtschaftlich gesehen — Vermögen bilden; zur Mehrung der Kapitalausstattung der Volkswirtschaft hat er aber nicht das Geringste beigetragen. Die Kapitalausstattung ist aber für die Produktivität einer Volkswirtschaft und damit für den „Volkswohlstand" der entscheidendste Faktor.

Schmölders betont, daß dem Sparen zum Zwecke des Erwerbs von dauerhaften Konsumgütern dieselben Motive zugrunde lägen wie dem Sparen im klassischen Sinne, nämlich Sicherheitsmotive. Darüber kann man geteilter Meinung sein. Unterstellen wir einmal, es sei so. Was nützt diese Erkenntnis aber der Volkswirtschaftslehre? Vergessen wir auch nicht, daß von der Gesamtsumme der „Ersparnisse" höchstens ein Drittel auf die privaten Haushalte entfällt, zwei Drittel aber oder mehr den Unternehmern bzw. Unternehmungen zuzurechnen sind. Schmölders möchte deshalb auch Unternehmerforschung betreiben. Er ist davon überzeugt, daß häufig höchst wenig rationale Motive, von denen er Prestigebedürfnis, Aggressivität, Nachahmung und Übertrumpfung ausdrücklich genannt hat, maßgeblich die Unternehmerentschlüsse beeinflussen.

Wenn Schmölders glaubt, solche „Imponderabilien" in die ökonomische Theorie einbeziehen zu müssen, dann werden seine Hoffnungen sicher genauso enttäuscht werden wie seinerzeit die Schmollers und seiner Freunde. Die Volkswirtschaftslehre würde erdrückt werden von der Unmasse des Stoffes, der Unzahl der zu beachtenden Daten. Adolf Weber hat mit Recht in seiner Allgemeinen Volkswirtschaftslehre geschrieben, daß unsere Wissenschaft keine „Allerweltswissenschaft" sein könne. Ohne Abstraktion, ohne Isolieren bestimmter Faktoren ist Volkswirtschaftslehre unmöglich.

Dieser Abstraktion muß die Erforschung der Motive wirtschaftlichen Handelns in der Regel zum Opfer fallen. Da aber an den Märkten — von Ausnahmen abgesehen — eine solche Vielfalt einzelner höchst gegensätzlicher Motive wirksam wird, daß eine wissenschaftliche Auswertung unmöglich ist, kann man diesen Verzicht leicht hinnehmen.

Lassen Sie mich zum Schluß noch einmal klarstellen, daß mir nichts ferner liegt, als die Bedeutung der Psychologie, der Verhaltensforschung oder gar der empirischen Soziologie zu verkennen. Ich kann aber nicht glauben, daß diese Wissenschaftsgebiete in der Volkswirtschaftslehre zu berücksichtigen wären. Auf dem globus intellectualis befinden sie sich an einem anderen Ort.

Dr. Karl Kreuser

Wenn ein Praktiker aus dem Bankfach auch einige Bemerkungen machen darf unter so vielen Professoren, so möchte ich dazu sagen, daß wir als Bankleute natürlich möglichst real denken, wobei wir in gar keiner Weise die Einflüsse der Psychologie auf die Wirtschaft und auf unsere Kunden irgendwie verkennen. Es ist zweifellos, daß die sehr umfassenden Untersuchungen, die Professor Schmölders z. B. über das Sparen, das Wertpapiersparen insbesondere angestellt hat, für uns außerordentlich interessant und wichtig sind, und ich glaube sicher, daß wir in unseren Maßnahmen diese Ergebnisse weitgehend berücksichtigen werden.

Andererseits sind wir viel zu real, um nicht zu sehen, daß diese, sagen wir einmal, endogenen psychologischen Imponderabilien durch exogene jeden Moment wieder umgeworfen werden können. Denken Sie an die Voraussagen der demoskopischen Institute vor dem 13. August und nach dem 13. August.

Zu bedauern ist, daß nicht die pädagogische Seite der Psychologie wesentlich mehr zur Geltung kommt. Ich denke an das, was Herr Geheimrat Weber gesagt hat, an die Überschätzung des Ausgabeeffekts und die Unterschätzung des Spareffekts. Ich denke in diesem Zusammenhang auch an eine Karikatur der „Frankfurter Allgemeinen Zeitung" vom Dezember 1958, wenn ich mich nicht täusche, wo der kleine deutsche Michel unter dem Christbaum sitzt und vergnügt mit einem schönen Bilderbuch spielt: „Mut zum Verbrauch". Da kommt der Weihnachtsmann Ludwig Erhard mit der großen Puppe daher, nimmt ihm dieses Buch weg und schiebt ihm ein anderes hin. Ich weiß den Titel

nicht mehr, jedenfalls: Selbstdisziplin! Der kleine Michel ist
darüber alles andere als entzückt. Ich sage das deshalb, weil
ich in der offenen Pressefehde vor 7, 8 Jahren zwischen Erhard
und Butschkau — Erhard: Konsum, Butschkau: Sparen —
sehr entsetzt war, daß man in einer Wirtschaft, die so ausge-
blutet war wie die unsere, nun allen Ernstes als die vornehmste
Pflicht des wirtschaftenden Menschen den Konsum predigte.
Das ist doch bestimmt nicht das Richtige. Ich bin der letzte,
der verkennt, daß durch eine Bandproduktion erhebliche Kosten gespart werden, aber man darf doch psychologisch nicht
so weit gehen, daß man dem Volk den Konsum als A und O
des wirtschaftlichen Denkens anempfiehlt.

Wir Banken müssen sowohl die kurze Sicht wie die lange
Sicht in Betracht ziehen. Wir müssen momentan denken auf
drei oder sechs Monate: Wird dieses Geschäft des Kunden gut
gehen können, werden wir Kredit geben können, können wir es
nicht? Wir sind aber letzten Endes noch viel mehr auf die
lange Sicht eingestellt; denn wir wollen ja die Wirtschaft in
Blüte erhalten, und da kommt eben immer wieder die Frage,
die Professor Lersch gestellt hat und die inzwischen von zwei
Diskussionsrednern aufgegriffen wurde: Wem dienen denn diese
psychologischen Erkenntnisse? Ich bin boshafter Praktiker genug, um bei dem Beispiel des Herrn Professor Schmölders mit
dem Fernsehen mir sofort zu denken: Aha, wenn ich Fernseh-
vertreter wäre, würde ich da anpacken, wo bereits ein oder zwei
Antennen stehen; denn da sind die psychologischen Voraussetzungen für meine Werbung am besten, ich habe die leichteste
Arbeit. Ebenso mutatis mutandis für die Erkenntnisse, die er
bezüglich des Sparens und Wertpapiersparens gefunden hat.

Wir haben es — wenigstens so darf ich es als Fachmann ansehen — im Grunde genommen mit rationalen Dingen zu tun,
deren Beeinflussung durch Psychologie ich nicht geringschätze,
die aber letzten Endes doch ihr Schwergewicht haben müssen,

vor allem deswegen, weil sie nach meinem Gefühl wesentlich beständiger sind als die von so unendlich vielen Komponenten abhängigen jeweiligen psychologischen Erkenntnisse.

Prof. Dr. Ottmar Bühler

Es sind die Imponderabilien, deren stärkere Berücksichtigung im wirtschaftlichen Bereich das Referat beleuchtet hat. Da ist von vornherein zu beachten, daß wir in einer Periode leben, in der die Gestaltung der psychologischen Faktoren vom Osten her aufs raffinierteste beeinflußt wird mit einem Welterfolg, dessen wir uns bekanntlich nicht richtig erwehren können. Wenn die Ponderabilien, die effektive Gestaltung der Wirtschaft vorwiegen würde bei der Beurteilung, müßte z. B. heute in der Welt verbreitet sein die Überzeugung, daß mit allen kommunistischen Experimenten die effektive Lage der arbeitenden Klasse nicht so gut geworden ist wie mit unserem Wirtschaftssystem. Man müßte darauf hinweisen, daß, wo es in Rußland gut geht, es durch die heimliche, niemals prinzipiell ausgesprochene Zulassung von echter Erwerbswirtschaft der Fall ist. In Polen z. B. — das hat der Kollege Schmölders aus neuester Zeit uns selbst berichten können — geht es recht gut in der Landwirtschaft, wo die freie Wirtschaft wieder eingeführt ist. In Rußland selbst trifft es in manchen Sektoren auch zu, man hat z. B. darauf hingewiesen, daß die leidliche Versorgung von Moskau mit Milch und Eiern zu $^5/_6$ von solchen freien Wirtschaften kommt.

Aber dann gibt es wieder die beunruhigende Frage, warum eigentlich der kommunistische Anhang in den bestbezahlten Industriewerken Italiens — wo man immer auf die Fiat hinweist — am ausgesprochensten ist. Weil hier geistige Strömungen stärker Anklang finden, weil von diesen geweckten Leuten die irreführenden Lehren mehr gelesen werden. Ich möchte glauben, daß man Röpkes „Jenseits von Angebot und Nachfrage" auch bei uns stärker berücksichtigen müßte, um auf diese im ganzen unerwünschten Einflüsse zu kommen.

Zwei kleine Beiträge noch aus dem Gebiet des Juristischen. Wenn ich als die Ponderabilien den festen Bestand des Rechts betrachte und als die Imponderabilien die Möglichkeit, darüber hinwegzugehen und ganz andere Wirkungen zu erzielen, so haben wir in unserer Zeit eine Verkehrung der Begriffe, angefangen mit dem der Demokratie, in einem weltweiten Maße, daß uns allmählich angst und bange wird, wie eine Jugend überhaupt noch mit diesen Begriffen einmal zurechtkommen soll. Wir haben hier aber auch den Schlüssel dazu, daß man das Recht durch solche Imponderabilien in einem Maße verdrehen kann mit Wirkungen, an die wir früher nicht gedacht haben. Von einem bei uns aufgewachsenen Strafrechtler habe ich unlängst eine Auslassung zu sehen bekommen, die den Russeneinmarsch in Ungarn, das Niederwalzen der dortigen Bewegung 1956 als rechtlich vollkommen in Ordnung erklärt. Und dieser Tage ist uns aus Jena eine scheinbar systematische Abhandlung zugeschickt worden, daß selbstverständlich alle Akte, die jetzt in Berlin versucht werden, völkerrechtlich vollkommen in Ordnung seien. Also auch hier Verkörperung von Imponderabilien zu einem raffinierten System von Pseudorecht, das über die ganze Welt verbreitet wird. Ich glaube, wir landen schließlich bei einem Ausspruch, der auf Tönnies zurückgeht und der auf alle diese Bereiche zutrifft: daß nämlich die menschlichen Geschicke viel mehr durch Leidenschaften als durch Erkenntnisse bestimmt werden.

Dr. Heinrich Schneider

Darf ich zunächst noch eine Informationsfrage an Herrn Prof. Schmölders richten: nämlich nach der Methode der Fragebogenerstellung und -auswertung. Sind dabei besondere Verfahren angewandt worden, etwa die Korrelationsrechnung oder die von Hofstätter in Deutschland eingeführte Osgoodsche Methode des „Polaritätsprofils" (Sie erinnern sich, der Gegensatz von „Lonesomeness" und „Langeweile"); oder hat man ohne besondere Vorüberlegungen einfach einen Fragebogen entworfen und dann damit gearbeitet?

Insbesondere möchte ich aber dem Herrn Vortragenden für seine Ausführungen besonders im Hinblick darauf danken, daß sie auch für den Bereich der Politischen Wissenschaft und der Politischen Pädagogik von großer Bedeutung sind. Wir bemühen uns um die Fundierung dieser Gebiete durch eine zureichende Anthropologie. Nun hat die Volkswirtschaftslehre hierzu ja schon seit geraumer Zeit wesentliche Anregungen und Beiträge gegeben; ich erinnere an die Ausweitung oder Ergänzung des „homo oeconomicus" zunächst durch den „homo ambitiosus" (etwa bei Gerloff) und dann durch den Begriff des „homo institutionalis" — womit der Anschluß an die Soziologie gegeben wäre. Über das Verhältnis beider Wissenschaften wird ja neuerdings wieder sehr diskutiert, siehe etwa die Vorträge in der Reihe „Recht und Staat" (Woldemar Koch, Gottfried Eisermann u. a.), oder die neueren Versuche, die Morgenstern-Neumannsche Spieltheorie auch für die politische Dimension der Gesellschaft und ihre Analyse einzusetzen; andererseits eröffnet sich die Soziologie der Anthropologie, mir kommt eben die Auseinandersetzung von Tenbruck mit Dahrendorf in einer der letzten Nummern der „Kölner Zeitschrift für Soziologie" in den Sinn: dort geht es ja darum, den Begriff der Rolle neu zu interpretieren, ihn der Person nicht mehr so „neukantianisch" gegenüberzustellen, wie das Dahrendorf tut. Damit aber wird die philosophische Frage nach den kategorialen Voraussetzungen gestellt.

In diesem Zusammenhang hätte ich nun eine Frage zu Ihrer These 3, Herr Professor: Sie verlangen eine allgemeine Wissen-

schaft vom menschlichen Verhalten, die sich auf Psychologie,
Soziologie und Sozialpsychologie gründen soll. Darf ich mir die
Frage erlauben, ob es nicht zweckmäßiger wäre, diesen Kreis
noch mehr auszuweiten, nämlich zu einer Kulturanthropologie.
Es ginge darum, nicht nur die sozusagen punktuell erfaßbaren,
für die empirische Augenblicksbefragung gegenständlichen Motive des menschlichen Verhaltens in das Gesamtbild einzube-
ziehen, sondern auch die umfassenden Sinnentwürfe des menschlichen Daseins. Das würde bedeuten, daß gewisse Einsichten
und Betrachtungsweisen sowohl der historischen Soziologie wie
der Philosophie (näherhin der Philosophischen Anthropologie)
bewußt berücksichtigt werden müßten, schon im Ansatz. Ihr
eigener Hinweis auf die Untersuchung des Unternehmerverhaltens in der Überflußgesellschaft läßt zum Beispiel sofort an
die Forschungen zur Genese des Unternehmerverhaltens
denken: an die religionssoziologischen Untersuchungen von
Max Weber bis zu Alfred Müller-Armack: hinter der inner-
weltlichen Askese steht ein bestimmtes Weltbild, ein eigentüm-
lich strukturiertes Daseinsverständnis. Man könnte weiterhin
meinen, daß der Begriff des Bedürfnisses zunächst anthropolo-
gisch geklärt werden müßte (kann man primäre und sekun-
däre Bedürfnisse einander dinghaft gegenüberstellen?). Schließlich könnte man noch an die politische Dimension denken, die
allen diesen Zusammenhängen eigen ist und mit der Struktur des
jeweiligen kulturprägenden Sinnentwurfs des menschlichen Daseins in Beziehung steht (H. J. Seraphims Theorie der Volks-
wirtschaftspolitik bietet m. E. hierfür interessante Ansatzmög-
lichkeiten).

Hierbei — nämlich bei der Untersuchung sozialkultureller
Voraussetzungen des Wirtschaftslebens — sollte womöglich
auch bedacht werden, daß die Entgegensetzung von „Gesellschaft" (im Sinne eines funktionsteiligen, sich selbst steuernden

Zusammenhangs, der die „Wirtschaft" trägt) einerseits und „Politik" (als einer nicht-wirtschaftlichen Ordnungsdimension des Zusammenlebens) andererseits doch keineswegs eine Selbstverständlichkeit ist, sondern in eine ganz bestimmte historische Kulturlage gehört, worauf die Historie seit geraumer Zeit hinweist, vor allem Otto Brunner.

Dies alles heißt: der Versuch einer methodisch-strengen, disziplinierten Selbstbeschränkung der Volkswirtschaft (nämlich das Bestreben, alles Nicht-Ökonomische auszuklammern) erscheint angesichts der ontischen Voraussetzungen des Wirtschaftslebens problematisch; wirtschaftliches Verhalten ist menschliches Verhalten und steht in außerökonomischen Zusammenhängen. Für die Politische Wissenschaft wäre umgekehrt geradezu eine Ausweitung des Begriffsinstrumentariums zu wünschen; Berührungen und Überschneidungen ermöglichen Ansätze zur Integration.

Vielleicht wäre es mit Rücksicht auf alles das sogar möglich, eine fundamentale Ordnungslehre vom Menschen und vom menschlichen Verhalten zu entwerfen, die mehr ist als eine Zusammenfassung von strukturell-funktionaler Soziologie und Psychologie. Darf ich, um die gemeinte Richtung anzudeuten, etwa Hannah Arendts Analyse der „Vita activa" als eine Art phänomenologischen Beitrag zu dieser Lehre von den menschlichen Verhaltensordnungen betrachten und andererseits auf die ontologischen Grundlegungen zum Verständnis menschlicher Sozialordnungen durch Alois Dempf hinweisen, der mit seinem Werk den kategorialen Aufriß für dieses Unterfangen gegeben hat.

Der Gedanke einer solchen fundamentalen Ordnungslehre wird freilich dem Einwand begegnen, den Herr Geheimrat Weber vorhin schon in Beziehung auf die Schmoller-Schule ausgesprochen hat: hier werde zu viel verlangt. Sicherlich darf man die Gefahr vorschneller kategorialer Kurzschlüsse statt einer wirklichen Integration nicht außer acht lassen. Aber ich darf doch noch einmal die Meinung aussprechen, daß wir ohne den Versuch einer solchen Synthese nicht auskommen, insbesondere für die politische Pädagogik. Wie soll man ohne diesen Überblick beispielsweise über das sachgerechte Ethos in unserer hier und heute bestehenden Lebensordnung etwas Vernünftiges aussagen, da doch schon das Konsumentenverhalten im Metzgerladen eine politische Dimension hat? Wie soll man sich über die Probleme der Internationalen Politik — sei es die Ost-West-Spannung, sei es das Problem der Entwicklungsländer — ein begründetes Urteil bilden, wenn man nicht imstande ist, die verschiedenen Bereiche und Betrachtungsweisen (die wirtschaftliche, die politische, die sozial-kulturelle) zusammenzusehen? Versuche in dieser Richtung werden unternommen, die Aufgabe scheint in der Luft zu liegen; man denke etwa an Gunnar Myrdal oder an das neue „Koexistenz"-Buch von Perroux. Aber sind die kategorialen Voraussetzungen dieser Synthese wirklich schon durchsichtig?

In diesem Sinne meine ich, daß gerade auch die Wissenschaftliche Politik für die von Herrn Prof. Schmölders gegebenen fruchtbaren Impulse zu einer zusammensehenden und zusammenfassenden Betrachtungsweise sehr dankbar sein darf.

Prof. Dr. Günter Schmölders

Schlußwort

Ich kann nur dem Gefühl des Dankes Ausdruck geben für die Bereicherung, die ich durch die Diskussion erfahren habe.

Ich bin natürlich besonders Herrn Lersch dankbar dafür, daß er uns erstens mit unserer hausbackenen und hausgemachten Psychologie nicht ganz abgewertet, sondern uns sozusagen ermutigt hat, auf diesem Gebiet fortzufahren; und daß er weiterhin meinen Appell aufgreifen wird, daß aus der Psychologie, auch der Fachpsychologie heraus mehr Aufgeschlossenheit für unsere Fragen zu erwarten ist, wenn wir es nur verstehen — darin bin ich mit Herrn Bergius einig — die Fragen richtig zu formulieren, die wir an die Nachbarwissenschaften stellen müssen. Dazu gehört ein gegenseitiges Verständnis zwischen Psychologie und Volkswirtschaftslehre.

Eine Frage, die in der Diskussion ziemlich stark in den Vordergrund getreten ist, war die von Herrn Lersch aufgeworfene Frage, „wem zu Nutz" denn eine psychologisch vertiefte Durchdringung wirtschaftlicher Vorgänge geschehe. Es klang dabei, wenn mich mein Gefühl nicht täuscht, gelegentlich eine gewisse Sorge durch; ob wir etwa den raffinierten „geheimen Verführern", den Geschäftemachern und Spekulanten etwa noch helfen sollten bei ihrem Vorhaben der „Manipulation der Tiefenschicht", ob wir diese „Tiefenboys", wie Packard sie nennt, womöglich mit unseren Forschungen noch weiter dazu ermutigen, die geheimen Sehnsüchte der Käufer zu kommerziellen Zwecken zu manipulieren und den Käufern dann nutzlose Waren aufzuschwätzen. In der Tat: die Frage „wem zu Nutz?“ ist eine sehr wichtige Frage auch im Hinblick auf das, was Herr Kreuser von der pädagogischen Aufgabe sagte, die nicht vernachlässigt werden dürfe, und was von mehreren anderen Herren gesagt worden ist, auch von Herrn Schneider, Unterlagen für die politische Pädagogik und die Psychohygiene zu gewinnen, auf die Herr Däumling mit Recht hingewiesen hat.

Selbstverständlich strebt alle Wissenschaft zuerst nach Erkenntnis. Für die Nationalökonomie glaube ich auch in Anspruch nehmen zu können, daß die Erkenntnis, nach der sie strebt, einem durchaus vertretbaren Ziele dient, besonders wenn sie sich bemüht, wie Herr Geheimrat Weber das immer zu formulieren pflegt, wissenschaftliche Grundlagen für die Wirtschaftspolitik bereitzustellen. Die Wirtschaftspolitik, die ja gerade in Verkennung der realen Zusammenhänge ihre Fehler macht und ihre Schwächen hat, bedarf in besonderem Maße wissenschaftlicher Unterstützung. Ich habe einige Beispiele dafür erwähnt, etwa die wirtschafts- und sozialpolitisch durchaus erwünschte und begrüßenswerte Tendenz, die Vermögensbildung in Arbeitnehmerhand zu fördern, bei der es aber in Unkenntnis der tieferen psychologischen Zusammenhänge dazu kommt, daß man glaubt, à conto psychologisches Fundamentalgesetz von Keynes oder à conto Sparfunktion des Einkommens genüge es, der Arbeiterschaft ein höheres Einkommen zu verschaffen, dann werde sie schon ganz von selbst zur Vermögensbildung gelangen. Ich glaube, hier liegt eines der wichtigsten Ergebnisse, die wir gerade auf diesem Gebiet heute schon vorzeigen können. Wir können uns nicht allein auf Katonas amerikanische Untersuchungen verlassen, die natürlich bei uns vorliegen und ausgewertet werden. Aber gerade wenn man bedenkt, was vorhin über die Mentalität der Völker gesagt worden ist, so wird man nicht vergessen daß die Amerikaner ein anderes Volk sind als das deutsche, und wir müssen gerade die Reaktionsweise der deutschen Wirtschafts- und Sparmentalität berücksichtigen, wenn schon zwischen Rheinland und Westfalen, ganz zu schweigen zwischen Hamburg und Baden-Württemberg, solche Unterschiede bestehen. Da können wir nicht einfach die Katonaschen Ergebnisse übernehmen und uns dabei beruhigen, ohne die deutschen Verhältnisse zu untersuchen. Wir müssen sie untersuchen, und wir sind dabei sie zu untersuchen, damit in der Wirtschaftspolitik besser gezielte und erfolgswirksamere Maßnahmen entwickelt werden, vielleicht auch im Sinne einer pädagogischen Einwirkung, wie sie Herr Kreuser für das Spar- und Investitionsverhalten gefordert hat.

Insofern glaube ich, bleibt es wichtig, den psychologischen Zusammenhängen stärker nachzugehen; natürlich ist keine Wissenschaft davor gefeit, daß ihre Ergebnisse zu eigensüchtigen Zwecken mißbraucht werden. Das ist auf anderen Gebieten auch der Fall; wir sind uns der Gefahr bewußt, die daraus entstehen kann. Die Schuld daran trifft aber mehr die Journalisten, wie Packard und viele andere, die diese Probleme dramatisieren und sie in sensationeller Aufmachung in übertriebener Zuspitzung unter die Leute bringen; daß es alle diese Dinge gibt, diese Berührungspunkte mit der Tiefenpsychologie, ist nicht zu leugnen, und sie sind beispielsweise aus der Werbepsychologie gar nicht mehr zu verbannen. Aber wie man davon und wer davon auch Gebrauch macht: Es ist wichtiger, daß sie in das Wissen und die Erkenntnis der verantwortlichen Wirtschaftspolitiker hineingelangen, als daß irgendwelche sensationshungrigen Journalisten oder auch Geschäftsleute sie sich einseitig zunutze machen, um dann allein von diesem Wissen zu profitieren.

Ich möchte endlich glauben, daß der Kreis der Wissenschaften, die wir heranziehen müssen — da möchte ich Herrn Schneider Recht geben — keineswegs auf die Soziologie, die Sozialpsycho-

7*

logie und die Psychologie beschränkt bleiben darf. Ich habe bei meinen ersten Vorträgen über unsere sozialökonomische Verhaltensforschung ein Alphabet all der Wissenschaften aufgestellt, mit denen wir zusammenarbeiten müßten; das begann mit ABC wie Anthropologie, Biologie und Charakterologie und ging bis zum Schluß zur Zoologie, der wir ja den Ausdruck Verhaltensforschung anstelle der früheren Tierpsychologie verdanken. Herr Kollege Schneider kann also sicher sein, daß keineswegs auf die Anwendung der Anthropologie verzichtet werden soll und kann.

Ich möchte auch glauben, daß die Gedanken, die Herr Jecht von der Seite der Nationalökonomen geäußert hat, stärkstens beachtet werden sollten. Natürlich ist die empirische Verhaltensforschung zunächst eine Ergänzung des Grundschemas der Wirtschaftstheorie, das auf einem rein rationalen Verhalten der Wirtschaftssubjekte aufgebaut ist. Aber ich darf daran erinnern, daß wir mit steigendem Wohlstand immer mehr zu einem Wirtschaftsleben kommen, in dem die Entscheidung über Kaufen oder Nichtkaufen mehr oder weniger eine willkürliche Entscheidung ist. Daß man Kartoffeln kauft und daß man Roggenbrot kauft, das ist die Folge bloßer physiologischer Bedürfnisse, und das sind Notwendigkeiten, die schon beinahe biologisch begründet sind; da ist nicht zu erwarten, daß kurzfristig starke Fluktuationen eintreten. Aber ob und wann Autos und welche Autos, Fernsehgeräte, Radios, Waschmaschinen, Kühlschränke usw. gekauft werden: das ist gerade das Charakteristikum der modernen Konjunkturfluktuation, daß sie von diesen Dingen abhängig ist, deren Kauf sozusagen ohne weiteres auch hinausgeschoben werden kann und dann gefährlich massiert auftreten kann. Alles, was neuerdings in unserem Konjunkturverlauf in Gestalt des sogenannten Lagerzyklus und dergleichen hervortritt, ist dadurch gekennzeichnet, daß hier die großen Ungewißheiten bestehen. Daß die Hausfrauen jede

Woche oder jeden Monat ihre Kartoffeln, Butter, Eier und andere Nahrungsmittel kaufen, ist ein verhältnismäßig stabiles Gebiet der Volkswirtschaft. Die großen Investitionen erfolgen heute in der Autoindustrie, der verarbeitenden Industrie, in Feinmechanik, Optik usw. Da ist die große Unsicherheit, da sind die großen Umsätze, da ist die große Fluktuation, so daß man vielleicht doch zugeben muß, daß dem Studium der irrationalen Vorgänge, die auf diesen Gebieten eben nun einmal eine große Rolle spielen, heute ein breiterer Raum gebührt, als er vielleicht für eine Wirtschaft des Mangels oder der unmittelbar primären Bedürfnisbefriedigung zur Zeit Adam Smith' nötig war. Das ist mein Anliegen.

Darüber hinaus möchte ich aber auch Herrn Bühler Recht geben, daß wir hier nicht nur l'art pour l'art betreiben und uns nicht auf einem kleinen speziellen Gebiet mit dem Brückenschlag zwischen zwei Wissenschaften begnügen dürfen, sondern daß das Ganze auch seine weltpolitischen Aspekte hat. Wenn ich das zum Schluß mit einem Wort andeuten darf, so möchte ich es darin sehen: Wir sind in den Sozial- und Geisteswissenschaften weit zurück gegenüber den Naturwissenschaften. Wir haben gewissermaßen in unseren Disziplinen die Newtonsche Zeitenwende insofern noch gar nicht erlebt, als es zwar heute mit den Mitteln der Naturwissenschaft ungefähr möglich geworden ist, die ganze Erde in die Luft zu sprengen und alles zu zerstören, aber weder ist es gelungen, Kriege zu verhindern oder Ehekonflikte zu vermindern, noch beispielsweise Streitigkeiten der Tarifpartner in einer Form zu schlichten, daß sie ohne gemeinschaftsschädliche Auswirkungen auf die Währung und auf die Gesamtwirtschaft bleiben. In den Sozialwissenschaften sind wir noch vor der Newtonschen Zeitenwende. Wir sind noch weit zurück und müssen alles tun, um den Vorsprung einzuholen, den die Naturwissenschaften uns vorexerziert haben

wir müssen in der Richtung auf die Erhaltung, auf die Schaf-
fung einer Harmonie im sozialen Leben vorwärtsmarschieren
und zu diesem Zweck wenigstens die Grundlagen und Grund-
voraussetzungen kennen, mit denen wir es auf unserem Gebiet
zu tun haben.

Printed by Libri Plureos GmbH
in Hamburg, Germany